I0476331

# Estrategias para el Uso de un CRM

ANTONIO VALLE CALI

Copyright © 2015 Antonio Valle Cali

ISBN-13: 978-1514165263

# TABLA DE CONTENIDO

Prógolo .................................................................... 7

EL CRM EN LOS PROCESOS DE TOMA DE DECISIONES
EMPRESARIALES ...................................................... 9

INTRODUCCIÓN ...................................................... 9

DESARROLLO .......................................................... 16

CONSIDERACIONES FINALES .................................. 17

VARIABLES ORGANIZACIONALES EN LA EMPRESA ........ 19

INTRODUCCIÓN ...................................................... 20

LADIMENSIÓN ORGANIZACIONAL DEL CRM ............ 23

VARIABLE DE PLANIFICACIÓN Y SEGUIMIENTO DEL PROYECTO
DE CRM .................................................................. 24

VARIABLE RECURSOS HUMANOS ............................ 26

LA VARIABLE CAMBIO EN LA FILOSOFÍA ORGANIZACIONAL ....... 28

LA VARIABLE ESTRUCTURA INTERNA DE PODER ............ 29

METODOLOGÍA DE LA INVESTIGACIÓN .................. 32

RESULTADOS DEL CASO DE ESTUDIO DE LA DIMENSIÓN
ORGANIZACIONAL DEL CRM .................................. 34

RESULTADOS DE LA VARIABLE PLANIFICACIÓN Y SEGUIMIENTO
DEL PROYECTO DE CRM ........................................ 35

RESULTADOS DE LA VARIABLE RECURSOS HUMANOS.................. 36

RESULTADOS DE LA VARIABLE CAMBIO EN LA FILOSOFÍA ORGANIZACIONAL.................................................................................. 38

RESULTADOS DE LA VARIABLE ESTRUCTURA INTERNA DE PODER........................................................................................................ 39

CONSIDERACIONES FINALES........................................................ 41

EL CRM PARA LA INICIACIÓN, MANTENIMIENTO Y FINALIZACIÓN DE LAS RELACIONES COMERCIALES.......................................................... 45

INTRODUCCIÓN .................................................................................. 46

REFERENCIAL TEÓRICO ................................................................ 49

METODOLOGÍA ................................................................................... 57

ANALISIS DE RESULTADOS ........................................................ 62

CONSIDERACIONES FINALES........................................................ 69

GESTIÓN DE LAS RELACIONES CON LOS CLIENTES.............................. 73

INTRODUCCIÓN .................................................................................. 74

CONSTRUCCIÓN CONCEPTUAL DE LOS INDICADORES TECNOLÓGICOS DE CRM.......................................................................... 75

TECNOLOGÍA DE LA INFORMACIÓN.............................................. 76

HERRAMIENTAS DE INFORMACIÓN.............................................. 77

DATA MINING...................................................................................... 83

LA AUTOMATIZACIÓN DE VENTAS.............................................. 84

METODOLOGÍA DE LA INVESTIGACIÓN...................................... 87

DISCUSIÓN DE LOS RESULTADOS ............................................................. 90

CONSIDERACIONES FINALES ................................................................... 95

DATOS DE CLIENTES EN EL CRM .............................................................. 99

INTRODUCCIÓN ......................................................................................... 99

CARACTERIZACIÓN DE LOS DATOS DE LOS CLIENTES ................. 103

METODOLOGÍA DE LA CONDICIÓN DE LA INVESTIGACIÓN ........ 108

RESULTADOS DEL ANALISIS ENTRE DESARROLLADOR Y
USUARIO DE CRM .................................................................................... 110

RESULTADOS DE ALPHA ....................................................................... 113

RESULTADOS DE BETA ........................................................................... 114

CONSIDERACIONES FINALES ............................................................... 115

Referencia Bibliográfica ............................................................................ 117

ACERCA DEL AUTOR ................................................................................ 121

# PRÓGOLO

A lo largo de este libro se tratará de poner de manifiesto la importancia del CRM para una compañía, independientemente del tamaño de la misma. Para ello se tratarán diferentes aspectos para su implantación, tanto a nivel de cultura empresarial como de desarrollo de aplicaciones.

Utilizando comparativas entre empresas de diferentes sectores se irá desgranando la importancia y las dificultades a las que se enfrentan en una organización a la hora de poner en marcha iniciativas de CRM.

Junto con los ejemplos, se irán incluyendo elementos teóricos que muestran la importancia de este sistema así como los métodos de análisis utilizados para comprobar su eficacia y productividad en cada una de las empresas mencionadas.

En los diferentes capítulos se encontrarán elementos teóricos y definiciones de varios autores, enmarcadas en casos de estudio independientes.

El objetivo principal es que el lector pueda entender los pros y los contras de este sistema y comprender que, más allá de un mero programa, es un método de gestión empresarial que debe incluir la participación de todos los miembros de la empresa para que sea efectivo y no derive en resultados negativos o problemáticos.

Antonio Villa Cali

# EL CRM EN LOS PROCESOS DE TOMA DE DECISIONES EMPRESARIALES

El CRM - Customer Relationship Management es una arquitectura que combina los procesos de negocio y tecnologías orientadas a la comprensión de los clientes con respecto a quiénes son, lo que hacen y lo que les gusta. Busca la eficacia en el proceso de toma de decisiones, teniendo en las informaciones de los clientes la manera de aumentar la rentabilidad, la aplicación de nuevas estrategias y la búsqueda de la competitividad. Trataremos de verificar si la información generada por los sistemas de CRM realmente trae los beneficios esperados para las organizaciones que los adoptan. Se parte de la hipótesis de que, a pesar de la importancia de los sistemas de CRM en el entorno empresarial actual, no siempre generan la información correcta y necesaria para ayudar en los procesos que implican la toma de decisiones.

## INTRODUCCIÓN

El Customer Relationship Management - CRM - es hoy en día una herramienta ampliamente utilizada por las organizaciones por permitir la integración de todos los contactos con los clientes y así ayudarles a relacionarse mejor con los consumidores finales u otras empresas.

Según Laudon y Laudon, el CRM centra la gestión de todos los modos como una empresa trata a sus clientes actuales y a los potenciales nuevos clientes. Se ve como una disciplina empresarial y también tecnológica que puede utilizar de sistemas de información para coordinar todos los procesos de negocios que rodean las interacciones de la empresa con sus clientes en ventas, marketing y servicios. Un sistema de CRM ideal cuida del cliente de un extremo a otro, desde la recepción de un pedido hasta la entrega de los bienes y/o servicios.

Es una herramienta valiosa que, combinado con una buena capacidad de gestión, permite obtener excelentes resultados y beneficios con respecto a la rentabilidad de la empresa. Proporciona: aumento de la lealtad del cliente; la oferta de productos y servicios personalizados; la reducción de los riesgos de la empresa, incluyendo el ahorro de costes; una mejora en la detección de fracasos o éxitos de la compañía; estrecha su relación con el cliente y permite una mejor comprensión de lo que busca y de cual es su necesidad real en ese momento. Permite que las empresas, a través de los datos registrados de cada cliente y el análisis correcto de esta información, proporcionen el producto que necesite el consumidor, tratándolo de una manera especial y personalizada, de acuerdo con lo que él desea.

La herramienta de CRM puede utilizar la ayuda de un sistema informatizado que captura toda la información relacionada con cada cliente, como el registro, historial de compras, reclamaciones, historial de búsqueda y contactos, entre otros datos.

A través del análisis de estos datos se pueden identificar las necesidades del cliente y la importancia que cada cliente proporciona en relación a los productos y servicios ofrecidos por la empresa.

Hay un sinnúmero de beneficios que el CRM puede proporcionar a las organizaciones y el hecho es que cada vez más empresas han adoptado esta herramienta para ayudar en los procesos de toma de decisiones de negocios. Sin embargo, la implementación de una herramienta de CRM realizada sin una planificación adecuada puede tener graves consecuencias para la organización, desde la generación de información incorrecta a la subutilización del sistema.

Laudon y Laudon señalan que invertir sólo en software de CRM no producirá automáticamente una mejor información acerca de los clientes y muchos sistemas de gestión de las relaciones con los clientes no alcanzan plenamente sus objetivos. Estos sistemas requieren cambios en los procesos de ventas, marketing y servicio de atención al cliente para fomentar el intercambio de información de los clientes, apoyo de la dirección y una idea muy clara de los beneficios que se pueden obtener a partir de la consolidación de los datos de los clientes.

Batista menciona que la mayoría de los sistemas de gestión de clientes no logran generar informes adecuados para la buena toma de decisiones.

Las afirmaciones de Laudon y Laudon y Batista presentadas en los dos párrafos anteriores plantean la idea de esta investigación, cuyo objetivo general es verificar si la información generada por los sistemas de CRM realmente conlleva los beneficios esperados para las organizaciones que han implementado este herramienta.

Para lograr este objetivo general, se analizó el caso de una empresa productora de piezas que utiliza CRM en su entorno empresarial. Se trató de demostrar sus objetivos y los resultados reales para las decisiones de la organización, además de analizar el grado en que el CRM proporciona la información necesaria y suficiente de los acontecimientos en la empresa.

Este trabajo parte del supuesto de que, a pesar de la importancia de los sistemas de CRM en el entorno empresarial actual, no siempre generan la información correcta y necesaria para ayudar en los procesos relacionados con la toma de decisiones.

## CRM Y SU IMPORTANCIA EN LOS PROCESOS DE TOMA DE DECISIONES

El CRM busca la eficacia en el proceso de toma de decisiones, teniendo en las informaciones sobre los clientes la manera de aumentar la rentabilidad y la aplicación de nuevas estrategias, buscando una mayor competitividad.

Se puede decir que el CRM busca, de forma general, la satisfacción total del cliente con la rentabilidad de la empresa. Pero ¿su aplicación y actualización trae resultados positivos y duraderos?

Según Laudon y Laudon, las herramientas de CRM tratan de resolver el problema de consolidar toda la información para proporcionar una visión unificada del cliente en toda la empresa, integrando los procesos de negocios relacionados con el cliente y la consolidación de la información sobre él a partir de múltiples canales de comunicación, de modo que la empresa pueda presentar una cara consistente para el cliente.

Un CRM, con la ayuda de un sistema informatizado, puede capturar y gestionar toda la información relacionada con cada cliente, incluyendo el registro, contactos, historial de compras, quejas, etc. El sistema de CRM proporciona datos muy útiles y detallados acerca de los clientes que permiten elaborar informaciones que permiten, entre otras cosas, identificar las necesidades de los clientes y la importancia que los clientes atribuyen a cada característica de los productos y servicios de la empresa.

Muchas organizaciones que afirman trabajar con el concepto de CRM ni tan siquiera saben quiénes son sus clientes más antiguos. Aunque tienen información importante en sus bases de datos de clientes, no se da el tratamiento adecuado a esta información, haciendo que se pierda en sí misma. En otras palabras, la información que las empresas tienen, en general, es mucha y valiosa, pero sus empleados no saben como utilizarla para el llamado marketing relacional.

Según Modesto, las barreras más comunes a la implementación de CRM en la actualidad incluyen: el alto coste de implantación, mantenimiento y actualización; el coste de la formación de los usuarios y la falta de planificación para la correcta implementación del CRM en la organización para satisfacer las demandas de la organización" y las posibles limitaciones del CRM sería la mala formación y actualización de la base de datos, lo que genera información inconsistente y no coincidente con la realidad, lo que lleva a la organización a tomar decisiones y estrategias de marketing equivocadas.

El simple hecho de tener un sistema informatizado de CRM no hará que sea útil y traiga resultados positivos para la toma de decisiones, es necesario mantener el sistema actualizado para que siempre pueda proporcionar información realmente valiosa para la organización.

Todavía sobre los problemas que el CRM puede ocasionar si no se implanta de la manera correcta, Araújo cita que para que la empresa obtenga éxito en la implementación de un CRM, primero debe estar alineada y preparada para hacer frente a esta nueva tecnología en la empresa, si no es así la implantación de un CRM en la empresa fracasará.

Por lo tanto, las desventajas de la implantación de un CRM en la empresa es que primero, tiene que tener estrategias de marketing bien definidas (metas, objetivos, investigación de mercado) y un equipo bien entrenado y orientado a fidelizar el cliente, lo que requiere gastos de capital y esfuerzos de la organización.

Para una buena toma de decisiones mediante el CRM, este necesita ser implementado correctamente, con la gente formada, que sepan cómo tomar la información e interpretarla de la mejor manera para ayudar en los procesos de toma de decisiones de gestión. Algunos elementos son necesarios para implementar un CRM realmente productivo, como contener sólo información relevante sobre los clientes y que esta no sea redundante ni escasa para el análisis de datos en la toma de decisiones.

En primer lugar el CRM debe agrupar toda la información necesaria en todas las etapas de los clientes y disponibilizarlas en un solo lugar, pero que se puedan ver desde cualquier lugar en el que estemos. El segundo paso es, a través de la información que ha sido obtenida mediante el CRM, conocer la forma de interpretarla de la mejor manera, ya que es inútil tener la información si no se sabe qué hacer con ella. Y el último paso es que el sistema de CRM permita que los clientes tengan un servicio personalizado dentro de la empresa, el famoso marketing "one to one" o marketing uno a uno, como explica Hernández: "El principio de relación con el cliente a través del marketing "one to one" es ofrecer un servicio individualizado al cliente teniendo en cuenta las necesidades de cada uno y la relevancia de cada cliente para la empresa. Es decir, usted puede identificar quienes son sus clientes potenciales y los que merecen atención personalizada. Algunos clientes traen considerables resultados financieros a la empresa y, por lo tanto, deben ser evaluados y tratados "uno por uno". El CRM puede mostrar esto a sus empleados y ellos deben ser entrenados para presentar un trabajo diferente para cada cliente".

Terminamos mostrando que con perseverancia y habilidad, el CRM puede ser eficaz y llevar a sorprendentes resultados para la empresa, haciendo hincapié en el aumento de la fidelidad de sus clientes con la siguiente cita "estamos seguros de que mediante la implantación de un sistema de CRM fiable e invertir en la formación de su personal para su manejo adecuado, a largo plazo, los resultados aparecerán y se dará un gran paso en el aumento de la lealtad de sus clientes".

El CRM se compone del CRM operacional, CRM analítico y CRM de colaboración, que junto con un buen software de CRM Data Mining, cuya función es analizar los datos que se recogieron en las diferentes partes de la empresa, definiendo las previsiones y la forma en que la empresa debe seguir, resulta en un aprovechamiento al máximo de toda la información obtenida para un excelente desempeño de la empresa en relación con todo lo que implica el cliente.

Con respecto al CRM operacional, CRM analítico y CRM colaborativo, Batista informa que el CRM colaborativo comprende los canales convencionales de comunicación directa o indirecta con la empresa, pudiendo ser mantenido por el cliente o por la empresa. Puede ser representado por teléfono, fax, carta, correo electrónico, página web y cara a cara. Ya el CRM operacional es aquel que tiene la función de mantener y controlar el contacto directo de la empresa con el cliente. Este canal, también llamado interacción con el cliente, en la actualidad utiliza los canales tradicionales (punto de venta y los vendedores tradicionales), además de canales más ligados a la tecnología, tales como centros de llamadas e Internet. En este caso, predominan los softwares llamados front office, que incluyen el sistema de ventas, marketing, servicio post-venta y automatización de las funciones de apoyo. Los datos generados en este grupo son de tipo transaccionados u OLTP (On Line Transaction Process).

El CRM analítico se ejecuta sobre la base de los datos contenidos en las bases de gestión de la empresa (ERP) con aplicaciones de decisión. Su función es analizar los datos recogidos por las diversas fuentes y generar ensayos con esta información, definiendo previsiones y tendencias. En este caso, se utilizan los llamados softwares de back office, que utilizan principalmente la base de datos, junto con las aplicaciones de decisiones, data marts de marketing, data mining, soluciones de colaboración y flujo de datos, generando datos analíticos (OLAP - On Line Analytical Processing).

El CRM puede traer resultados positivos si la información obtenida a través de él se utiliza de la manera correcta, formando a sus empleados, implantando un buen sistema de software y principalmente centralizar toda la empresa en la relación con el cliente y no en los productos. De lo contrario, pueden producirse problemas y perjudicar todo el proceso de desarrollo del CRM.

# DESARROLLO

El instrumento de la entrevista fue estructurado de tal manera que pretendía cubrir los aspectos relacionados con el análisis de la eficacia del sistema de CRM existente en la empresa objeto de estudio y en qué medida esta herramienta ofrece información suficiente y necesaria para respaldar las actividades que implican la toma de decisiones.

Para facilitar la clasificación de los factores en orden de importancia, fue utilizada una escala cuyo encuestado debería relacionar a los factores en estudio, siendo: 1- muy malo; 2 - malo; 3 - razonable; 4 - bueno; 5 - óptimo; y 6 - excelente.

La primera parte del instrumento de estudio trató de determinar qué beneficios el CRM trajo a la organización en estudio. Se evaluaron los siguientes factores: la comunicación de valor; reducción de costes; personalización de productos; la lealtad del cliente; aumento en el volumen de ventas; y actuación en nuevos mercados. Los tres primeros factores fueron clasificados por la empresa en estudio como 4 (bueno), mientras que los últimos recibieron el rango 5 (óptimo). A continuación, la empresa demandada debería utilizar la misma escala para definir cómo funciona el CRM en la organización.

Fueron objetos de estudio los siguientes factores: ventas cruzadas; mensajes dirigidos; call centers; atención al cliente; y servicios por Internet. Las ventas cruzadas, mensajes dirigidos y servicios a través de Internet se clasificaron como 4 (bueno), mientras que el factor de atención al cliente recibió calificación 5 (óptimo). La variable de call center no se clasificó debido a su ausencia en la empresa.

A continuación se preguntó sobre la generación o no de información sobre que clientes son más rentables para la empresa. Se encontró que esto no ocurre.

La cuarta parte del cuestionario se centró en los cambios del negocio después de la implementación del CRM. Se evaluaron los siguientes aspectos: facilidad en el proceso de toma de decisiones; aumento de las ventas; la lealtad del cliente; atención al cliente; y los servicios por Internet.

La facilidad en el proceso de toma de decisiones y atención al cliente se calificaron con un 5 (óptimo), mientras que los otros factores fueron clasificados como 4 (bueno).

En la última cuestión, la empresa alegó que en la actualidad el proceso de decisiones sin el sistema CRM sería inviable.

# CONSIDERACIONES FINALES

A través del análisis hecho en la empresa estudiada sobre la eficacia de los procesos de utilización del CRM, se puede concluir que esta es una herramienta muy importante en el proceso de toma de decisiones, aún más hoy en día. También se observó que las actualizaciones e Internet han sido cada vez más utilizados por varias compañías. La implementación del CRM trajo muchos beneficios a la organización, aunque algunos ítems aún pueden ser explorados resultando en objetivos más eficaces, como la comunicación de valor, la reducción de costes y la personalización de productos, que están en el rango denominado como buenos para la organización.

La forma en como el CRM trabaja en la organización se encuentra en un buen nivel pero se puede mejorar con un enfoque a los servicios por Internet que tenemos en el mercado. La compañía ha explorado poco este servicio, lo que podría dar lugar a mejores beneficios adicionales a los que ya tiene en relación con sus clientes. Esto se puede ver claramente en el tema de los cambios que han ocurrido en la empresa después de la implementación del CRM, ya que la fidelización de los clientes, el incremento las ventas y los servicios a través de Internet no tuvieron ningún cambio significativo en la implementación del CRM, lo que resultó en que el uso del CRM no es del 100% en la empresa.

Se puede concluir que el CRM es una herramienta necesaria en el servicio de atención al cliente, ya que la empresa no podría funcionar sin los beneficios que el CRM ofrece actualmente para ella, a pesar de que la compañía podría obtener resultados más eficaces y una mayor rentabilidad si la explotación fuera del 100% de lo que ofrece el CRM en el mercado.

# VARIABLES ORGANIZACIONALES EN LA EMPRESA

Las Prácticas del Marketing Relacional y del Customer Relationship Management (CRM) implican una serie de cambios en las organizaciones para el mantenimiento de las relaciones con los clientes. Su aspecto tecnológico se explora comúnmente en la literatura de Marketing y Tecnología, más las variables de la dimensión organizacional, de ámbito humano y filosófico, a menudo se descuidan. El CRM es un diferencial del negocio, no una aplicación de aspecto puramente tecnológico. Este capítulo tiene como objetivo, mediante la realización de un caso de estudio sobre la relación entre dos empresas orientadas a la tecnología en el proceso de desarrollo de un sistema de CRM comercial, presentar la dimensión organizacional del CRM, justificando la importancia de las variables: Planificación y Monitoreo del Proyecto, Recursos Humanos (gente) Cambio en la Filosofía Empresarial (Mercado) y Poder. Estas variables representan la alineación de la organización necesaria para que las iniciativas de CRM cumplan los objetivos con los clientes.

Los resultados muestran que la relación entre empresas ante estos factores puede presentar diferencias de perspectivas que pueden generar anomalías e incoherencias técnicas mientras que otros factores antagónicos no impactan directamente en los resultados. Las estructuras de poder y enfoque de mercado divergen en las empresas del caso analizado.

# INTRODUCCIÓN

Incluso las grandes organizaciones tienen que adaptar sus acciones a la atención personalizada de los clientes. Sin embargo, es necesario que el soporte de la tecnología actúe como una herramienta para la extensión de las prácticas con los clientes de mayor valor. Para que los indicadores de CRM en perspectiva organizacional sean comprendidos se necesitan dos conceptos. El primero es el Marketing Relacional, en el que la interacción con los clientes se convierte en el foco en las transacciones. El segundo concepto es una extensión del primero. Este es el Customer Relationship Management (CRM), que es una evolución del concepto relacional, que proporciona a las grandes organizaciones personalizar las acciones. Las dimensiones operativas del mismo son dos, la tecnológica y la organizativa. Ante los objetivos del estudio, se abordarán las cuatro variables organizacionales: Planificación y seguimiento del proyecto de CRM; Recursos Humanos; Cambio en la filosofía empresarial; y Poder. Junto con la comprensión de las variables es necesario entender primero la lógica de Marketing Relacional y del CRM.

El marketing relacional es una nueva idea de marketing dirigida a los clientes, que involucra las transacciones entre empresas y clientes en el tiempo. Max Weber en "La ética protestante y el espíritu del capitalismo" trae premisas centrales que apenas difieren de la aplicación moderna de CRM, excepto debido a la escala y empleo tecnológico. Para Weber, "de más a más, además de la claridad de visión y de la capacidad de actuar, sólo en virtud de cualidades técnicas bien definidas y muy desarrolladas es posible merecer la confianza, absolutamente esencial, de los clientes". Las cualidades éticas citados por el autor se refieren a los atributos de confianza, que deberían impregnar el CRM de manera que la relación sea positiva.

En la comprensión del CRM y de sus dimensiones, es necesario conocer la lógica que apoya su funcionamiento. El factor humano es crítico en el uso de las filosofías de CRM. Morgan y Hunt consideran que el marketing de relaciones, para tener éxito, requiere una actitud de compromiso y confianza. La confianza se refiere a la sensación mutua de la certeza y seguridad de una de las partes (la organización) y en la integridad de la otra (el cliente). Para ilustrar la importancia de este aspecto, Berry trae el Marketing Relacional describiéndolo como un concepto relacionado con la atracción, mantenimiento/retención, y al aumento de las relaciones con los clientes. "El aumento de la orientación al cliente resulta en programas de marketing más significativos".

Las organizaciones con una relación fuerte y positiva con los clientes, de acuerdo con Rowe y Barnes, tienen el potencial para desarrollar una ventaja competitiva sostenible que puede conducir a un rendimiento superior. La premisa fundamental del marketing relacional es mantener una base de clientes rentables y fieles. Estos son los pilares de los resultados de la organización, lo que Berry presenta cómo el elemento "para que los clientes continúen como clientes". Las acciones de CRM son compatibles con el marketing relacional.

Por su parte, el Customer Relationship Management (CRM) se traduce como la gestión de las relaciones con los clientes. Se define como un enfoque de gestión que facilita a las organizaciones la identificación, la atracción y el aumento en la retención de los clientes. Proporciona mayor rentabilidad para la compañía justamente desarrollando acciones para la identificación y para el aumento de las transacciones con los clientes de mayor valor. El CRM es una disciplina centrada en la automatización y mejora de los procesos de negocios asociados a la gestión de las relaciones con los clientes en las áreas de ventas, servicio al cliente y soporte. Lin y Su traen la definición de CRM como "la clave de la competencia estratégica necesaria para mantener la atención en las necesidades del cliente y un enfoque cara a cara con el cliente en toda la organización". De esta forma, el CRM se considera una herramienta relacional. Un enfoque técnico, presentado por Wilson, y Daniel McDonald, considera al CRM como un conjunto de procesos y tecnologías que apoyan la planificación, ejecución y seguimiento coordinado de los consumidores. Para Dwyer, Schurr y Oh la extensión de las relaciones de intercambio contribuye a la diferenciación de los productos y servicios, creando barreras a las substituciones.

La retención es más rentable que el uso de altos niveles de esfuerzos de marketing para reubicar clientes en el lugar de los que se van. Según Berry, la realización de un buen servicio es necesaria para que la retención de las relaciones ocurra. Las empresas que ponen en práctica marketing relacional invierten en programas formales no sólo para atraer a nuevos clientes, sino para mantener y mejorar las relaciones con los clientes existentes. Como presenta Winer, el objetivo general de los programas de relación es entregar un mayor nivel de satisfacción al cliente, superando al entregado por la competencia. Winer dice que "el servicio al cliente necesita recibir el estatus de alta prioridad en el entorno de la organización". Y Croteau y Li destacan las organizaciones que reconocen la importancia de centrarse en una estrategia empresarial orientada al cliente.

O`Malley y Mitussis advierten que en la ausencia de una cultura centrada en el marketing relacional no se entienden los procesos e iniciativas de CRM. La falta de comprensión de los procesos refuerza la idea de que el CRM no se trata de una solución de carácter puramente tecnológica, sino relacionada y orientada a personas. En este sentido, "el CRM es una estrategia de negocio; no sólo un aparato de software". Atuahene-Gima y Murray mencionan que los gerentes deben alentar a los miembros de proyectos para el cultivo de las relaciones con personas externas de la organización, para obtener nuevos insights y ampliar las perspectivas del desarrollo de las estrategias de marketing.

A través del marco teórico constituido aquí y el análisis de cada una de las cuatro variables cualitativas, el objetivo de este estudio se centra en examinar el comportamiento organizacional ante las soluciones de CRM. La etapa empírica de la investigación fue desarrollada en la unidad desarrolladora de software de un importante fabricante internacional, situado en un parque tecnológico de una universidad privada. Se utilizaron informaciones tanto de la compañía de tecnología como de una empresa cliente de gran porte y proyección, que utiliza las facilidades de software en la conducción de sus procesos de ventas y de CRM ya que los clientes tienden a ser atendidos siguiendo las premisas relacionales.

El estudio se organiza de la siguiente manera. Primero, la presentación de las variables ya estructuradas, así como su apoyo teórico. En la segunda fase, se presentan los resultados obtenidos a partir del caso de estudio, para fines de contribución empírica. Por último, las conclusiones generales de este estudio, orientadas por prácticas de relaciones con los clientes.

# LADIMENSIÓN ORGANIZACIONAL DEL CRM

La dimensión organizativa del CRM abarca las variables analizadas: Planificación y monitoreo del proyecto de CRM, Recursos Humanos, Cambio en la filosofía de negocio y Poder. Cada variable se caracteriza por separado para fines didácticos, a pesar de que los procesos relatados se llevan a cabo en paralelo a lo largo de las acciones de CRM.

# VARIABLE DE PLANIFICACIÓN Y SEGUIMIENTO DEL PROYECTO DE CRM

Para Peppers y Rogers Group, el proyecto de CRM es corporativo, e involucra a todas las áreas de la empresa. Parvatiyar y Sheth relatan que está aumentando el número de empresas que están adoptando estrategias, programas, herramientas y tecnologías centradas en los clientes en la gestión de las relaciones. Aunque el CRM utilice tecnología, su aplicación surge de la filosofía relacional, no de las herramientas. Es pertinente la definición de CRM presentada por Parvatiyar y Sheth, donde este es de amplitud estratégica, para adquirir, retener y participar en sociedades con los consumidores de valor para la empresa. En perspectiva estratégica, Shoemaker afirma que "las herramientas de CRM proporcionan accesibilidad, información precisa del cliente y mejores tiempos de ventas". Según Srivastava, Shervani y Fahey, en el desarrollo de estrategias, los gerentes de marketing deben analizar e identificar como una acción específica podría contribuir en el proyecto, desarrollo, implementación e integración de los procesos organizacionales. Salazar menciona que "la amplitud de la estrategia debe centrarse en determinar el valor del cliente, es decir, lo que representa la organización a los clientes".

Rust y Zeithaml dicen que una empresa mide el valor de sus clientes a través de la suma del consumo de productos y servicios a lo largo del tiempo, no sólo en términos actuales. La medida del valor del cliente para la empresa se lleva a cabo antes de las transacciones y contribuciones de un cliente en el transcurso del tiempo. Bolton y Steffens informan que el marketing es ideal para ejercer el papel de liderazgo en la transformación de la organización para su centralización en los clientes, ya que proporciona una mejor comprensión de la segmentación en clientes, la rentabilidad de los mismos, sus preferencias y las experiencias deseadas. Bhattacharya y Sen advierten que antes de formular y aplicar estrategias de identificación y de construcción, los gerentes deben definir con lo que quieren que los clientes identifiquen la empresa. Las empresas deben desarrollar estrategias para una sostenible, profunda y significativa interacción cliente-empresa, para que el cliente haga parte y sea internalizado en la organización. Estas interacciones deben centrarse en dejar a los clientes en contacto directo con la identidad de la empresa.

Hansotia advierte: "el CRM depende de una cuidadosa planificación y preparación de la organización", incluyendo el monitoreo constante. En opinión de Parvatiyar y Sheth, "se necesita la supervisión de los procesos para protegerse contra el fracaso y los conflictos administrativos en las relaciones". Los autores complementan diciendo que es necesaria la evaluación periódica de los resultados del CRM para confirmar que los programas están cumpliendo con las expectativas y la confirmación de que son sostenibles a lo largo del tiempo. El desarrollo de métricas es siempre una actividad compleja y, por lo tanto, la mayoría de las empresas tienden a utilizar medidas de marketing ya existentes para la evaluación de CRM. Grabner-Kraeuter y Moedritscher destacan que la dificultad de evaluar CRM es causada por la interdependencia de las estrategias de CRM y la alineación necesaria de los procesos de negocio de la empresa, que deben tomar el lugar de la centralización en clientes combinada con el aumento del valor económico. Para Bayer, medir el éxito de la estrategia de CRM está vinculado a todos los procesos. Esta medición debe hacerse en términos de actividades específicas que se centran en la mejora de los resultados de marketing. Gummesson complementa diciendo que es necesaria una definición mental dirigida para medir lo que se necesita y en qué momento la medida debe hacerse y si es posible llevar a cabo este tipo de medición.

# VARIABLE RECURSOS HUMANOS

Relata Pedron que una formación adecuada y planificada es esencial para una implementación de CRM exitosa. Angelo y Giangrande consideran la formación un instrumento que permite la transmisión planificada y uniforme de los valores de la organización. Ferreira y Sganzerlla dicen que la formación es el acto de proporcionar a los trabajadores de la empresa herramientas, tecnología y una mayor autonomía en la toma de decisiones.

Un aspecto importante en relación con los recursos humanos de la organización es la capacitación de los proveedores de soluciones de CRM para el correcto desarrollo de las calificaciones en la implantación del proyecto. Los recursos humanos, como destaca Bogmann, son muy importantes en los proyectos de CRM. Contextualiza que las comunicaciones bidireccionales requieren claridad y deben producirse en un lenguaje inteligible para los involucrados.

También es crucial la formación del personal de la empresa usuaria del CRM, para que pueda ser realizada una adecuada atención, eliminando necesidades. Bretzke muestra el uso correcto de la tecnología como clave para la obtención de la capacidad de gestión de informaciones a través de software especializado, que proporcionan mejores condiciones para las actividades de marketing a través de CRM.

Los recursos humanos aparecen como una variable clave, que requiere la adaptación para la aplicación de las filosofías y prácticas de CRM. A las personas involucradas en los procesos de organización, según Souza, la búsqueda de rendimiento en las actividades laborales, sea la que sea, es de suma importancia para el éxito. Los empleados satisfechos, motivados e integrados en el proceso de trabajo como un conjunto, producen resultados más importantes para la organización. Los resultados de más alto rendimiento son provocados por varios factores, como la percepción y la valoración de las personas, el establecimiento de entornos difíciles, concesión de una mayor responsabilidad y autonomía (empowerment), buena relación con el liderazgo y compañeros (ambiente saludable). Además, el conocimiento de la misión, visión, valores y cultura de la organización.

Ferreira y Sganzerlla mencionan que la empresa debe valorar las actitudes innovadoras de sus empleados para que desarrollen la capacidad de asumir riesgos. Swift afirma que los sistemas de conocimiento de clientes, como es el caso del CRM, requieren que se produzca en mayor o menor medida, un cambio en los fundamentos de la filosofía empresarial, mayor colaboración de los agentes de la organización y la inclusión de nuevas ideas.

Según Buttle y Cox, los procesos y las personas son importantes para el desempeño favorable del CRM. Para Parvatiyar y Sheth "varias decisiones de recursos humanos también son importantes para crear el clima adecuado para la organización y administración del marketing relacional". En busca de un nivel ideal de rendimiento y el clima apropiado para la práctica de CRM en la empresa es necesario el conocimiento de sus capacidades internas. Brown considera las habilidades interpersonales como cruciales en el entorno empresarial. El CRM debe ser iniciado por una evaluación exhaustiva de las capacidades internas de la empresa y los esfuerzos entonces deben dirigirse, en particular, a la correcta gestión del aprendizaje de los empleados.

Srivastava et al. dicen que "la introducción de CRM en una organización necesita ser administrado con cuidado". Esta idea es apoyada por Campbell, afirmando que "las habilidades de una empresa derivan de sus habilidades y el aprendizaje colectivo, ejercido en todos los procesos existentes en la organización". Se trata de la adecuación del personal de la empresa de cara a las prácticas de CRM y procedimientos empresariales.

# LA VARIABLE CAMBIO EN LA FILOSOFÍA ORGANIZACIONAL

En cuanto a los cambios necesarios en la filosofía empresarial para la adopción del CRM, en un primer momento surgen objetivos de revalorización, valores y misión de la empresa, elementos estructurales y cambios en la cultura de la empresa. Los cambios en la cultura surgen de los cambios en la postura de los agentes de la organización, especialmente los líderes. Nogueira, Mazzon y Terra en relación con los aspectos de liderazgo y de la cultura en los proyectos de CRM afirman ser el principal tópico para la capacitación de acción de los involucrados, es decir, el poder suministrado a los actores en el proceso de negociación entre el cliente y la empresa.

El cambio más importante es la necesidad de una estructura dirigida a centrarse en el cliente. Según Angelo y Giangrande, los nuevos valores implantados además de asimilados pasarán a componer parte de la cultura organizacional. Muchos valores tradicionales y ya existentes en la organización deberán mantenerse y fortalecerse. Bhattacharya y Sen afirman que "la identidad corporativa es moldeada por la misión, estructura, procesos y clima organizacional, además de las identidades individuales y de la distinción ante otras organizaciones". Según Hansotia, las estrategias de organización en su totalidad comienzan por la declaración de la misión empresarial. Antes de que la empresa se embarque en una estrategia de CRM es necesario revisar la declaración de su misión de garantizar que está claramente dirigida a centrarse en los clientes. Cuando se trata de cambiar las filosofías corporativas es importante reevaluar la estructura para que esta reciba la debida adaptación a los sistemas y a la filosofía del CRM. Los contornos de la organización, dice Brown, determinan la responsabilidad y la autoridad para cada posición, basada en la visión estratégica definida para las prácticas de CRM. "Las oportunidades que el CRM aporta solamente se pueden sentir si la empresa incorpora esta actividad en todos los sectores, a través de las prácticas" cotidianas. Por su parte, Kellen complementa relatando que "el CRM no es la simple gestión de las interacciones con los clientes, sino aprender cómo interactuar mejor con los clientes". Para la adecuación de las prácticas de CRM, así como para la verdadera comprensión de esta filosofía empresarial, es esencial la integración entre los sectores de la empresa y la participación de todos. Argumentan Ferreira y Sganzerlla sobre la necesidad de promover la unidad entre las personas en la empresa para que sea realizado un trabajo adecuado mediante el uso de la información. Se desea que haya una perspectiva de sentido común y el intercambio de esta información entre los sectores de la organización.

Kalakota y Robinson señalan que el servicio al cliente constituye la esencia del negocio de una empresa. Es esencial que los procesos internos de la organización tengan barreras departamentales reducidas. A través de este enfoque de integración, el objetivo de servir mejor a los clientes puede ser alcanzado y los procesos internos de la organización son más significativos La adopción de CRM implica la integración interna. Hansotia sostiene que el CRM no va a tener éxito si es apenas un sueño de la media y alta dirección, o de la cúpula de la organización. Se necesita el compromiso de la organización – de los gerentes y de los empleados.

# LA VARIABLE ESTRUCTURA INTERNA DE PODER

Como punto de partida en relación con el poder, es importante el apoyo e incentivo de la alta dirección de la organización para la implantación de las herramientas y filosofías del CRM para lograr el éxito. Para Souza, el desarrollo del alto rendimiento personal, del equipo y del negocio en sí, es de suma importancia para las acciones dirigidas al uso de CRM. Es fundamental que los líderes, respaldados por la alta dirección, busquen subsidios internos y externos de forma continua, responsable, participativa y ética. Para Bogmann, el éxito del CRM depende de profundos cambios en el pensamiento y la actuación de los ejecutivos. Según el autor, estos deben comportarse como multiplicadores organizacionales, junto a los empleados, haciendo contacto y escuchándolos. Es importante, dicen Ferreira y Sganzerlla, claridad de la empresa para todos los que trabajan allí de las estrategias de relación adoptadas por el CRM también cuentan con el compromiso y el apoyo de la alta dirección de la organización.

En aplicaciones de CRM es necesario proporcionar la suficiente autonomía a los empleados para llevar a cabo las tareas diarias. La antigua visión de la delegación de órdenes, recuerda Bishop, debe ser sustituida por el empowerment. Cada empleado pasa a tener una mayor autoridad para asumir responsabilidades y cumplir con su función. Ferreira y Sganzerlla dicen que el empowerment es lo mismo que difundir o delegar poder, siendo uno de los más importantes aspectos de cambio en el marketing relacional. Balasubramanian, Konana y Menon hacen hincapié en que la satisfacción del cliente, y la relación con este, se gestionan con eficacia cuando se sumergen de forma simultánea por competencia y confianza. Para que los agentes de la organización puedan transmitir confianza a los clientes, la organización, en primera instancia debe depositar su confianza en su personal para las tareas, el poder de decidir, agilizando la toma de decisiones frente a los clientes, lo que es esencial en CRM. Además de otorgar poder de decisión a los empleados de contacto, hay otro aspecto de relevancia en relación con el ejercicio del poder. Es el papel del liderazgo. Se tiene el papel del líder en el proyecto de CRM relacionado con la minimización de los conflictos que puedan surgir entre los sectores de la empresa. Bretzke dice que uno de los aspectos más importantes y decisivos para que el proyecto logre el éxito deseado es su conducción por un liderazgo capaz de resolver los conflictos y que consiga entonces este líder garantizar la cooperación en la relación entre los equipos de proyecto. Day señala que el líder en relaciones dirige la firma para una ventaja competitiva en términos de gestión de las relaciones, lo que debe configurar el centro en la estrategia del negocio.

En cuanto al liderazgo, incluida la aplicación de los procesos, Bispo destaca que los líderes deben ejercer la visión más allá del simple objetivo de alcanzar las metas, donde es necesaria la comprensión de la gente y ejercer un mayor contacto con el equipo.

Es una realidad que el desarrollo de los empleados, en consonancia con las necesidades y valores de la empresa, aumenta el margen de seguridad para la implementación exitosa de los servicios de la empresa, lo que a su vez compete a los líderes. Los líderes que quieren alcanzar niveles de excelencia, en la visión de Souza, deben entender las diferencias individuales de los participantes del proceso de implementación del sistema CRM y, por lo tanto, actuar en los niveles de las habilidades de los miembros del equipo, asumiendo diferentes roles.

Durante la realización de las actividades, los líderes y los empleados deben estar preparados para recibir feedback, ya que si este proceso no está bien realizado, puede causar desgaste en la relación entre el líder y el personal, y mantenerse alejado de la verdadera finalidad, que consiste en evaluar los puntos fuertes de rendimiento y aquellos que necesitan ser mejorados o cambiados en detrimento de los objetivos. Martiniano informa que el comportamiento del líder es un elemento clave en la gestión de los distintos procesos y sistemas. Es del líder en muchos casos la responsabilidad de decisiones, así como la consecuencia de estas. Ferreira y Sganzerlla hacen hincapié en que el papel de liderazgo no se limita a dar órdenes, dirigir a los empleados y comprobar los resultados. También responde a la provisión de las condiciones para que los empleados adecuadamente realicen sus funciones. Stone, Woodcock y Machtynger dicen que un programa de comunicación integrada de marketing tiene éxito cuando está infiltrado totalmente en el nivel organizacional. Se hace pertinente un sólido e impactante soporte interno, lo que es personificado a través de acciones de apoyo generales, que surgen del liderazgo. Srivastava, Shervani y Fahey consideran que los líderes, en particular los administradores, deben entender su dominio, el papel, la función y la contribución de cada uno de los principales procesos de la organización.

Delimitadas conceptualmente las cuatro variables organizacionales del CRM, siguen los resultados obtenidos a través de la investigación empírica.

# METODOLOGÍA DE LA INVESTIGACIÓN

El método utilizado fue el caso de estudio. El trabajo se centró en las operaciones entre empresas, o segmento B2B, en el punto donde las organizaciones interactúan. Según Yin, el caso de estudio puede tener por finalidad la verificación de una sola realidad o caso único. Se trata este de un estudio exploratorio, que según Vieira "tiene como objetivo proporcionar al investigador una mayor familiaridad con el problema". Yin conceptualiza caso de estudio como una investigación empírica de un fenómeno contemporáneo dentro de su contexto de la vida real. Por lo tanto, Malhotra dice que cuando los problemas a ser estudiados son poco conocidos y dimensionados, y la investigación es exploratoria, la investigación de carácter cualitativo se convierte apropiada. Zaltman menciona que el desarrollo de una metodología de investigación debe estar guiada por el conocimiento sobre la naturaleza del fenómeno. Se adoptó este sistema de trabajo y los resultados basados en algunas fuentes de evidencia.

Se hizo necesario adoptar el formato de análisis de triangulación, entre la teoría y las empresas. Para Bruggen, Lilien y Kacker "los investigadores recogen información sobre las variables organizacionales a través de respuestas de los informantes en busca de dos importantes cuestiones de procedimiento": [1] determinar los informantes y [2] desarrollar una forma de agregar datos de respuesta global recogidos a través de múltiples informantes. Indican Boyd y Westfall que "la mayor parte de la información utilizada en mercadotecnia se obtiene a través de entrevistas". Complementa Zaltman diciendo que "el lenguaje verbal juega un papel importante en la representación, almacenamiento y comunicación del pensamiento". Para hacer frente a los supuestos de los autores, la opción por entrevistas se mostró la fuente esencial en la recopilación de datos primarios, o sea, evidencias presentadas en primer orden. La complementación por evidencias teóricas se utilizó, así como el análisis de datos secundarios. Por otro lado, las investigaciones realizadas en fuentes documentales y de datos virtuales, tales como en Internet, muy poco añadieron en la comprensión de la relación entre las empresas, en análisis relativos a la dimensión organizacional (y sus variables) del CRM.

Las entrevistas fueron semi-estructuradas, tras exhaustivas preguntas abiertas en profundidad. Los entrevistados fueron estimulados para proporcionar informaciones completas y detalladas. Se entrevistaron los responsables de la gestión y operacionalización de las prácticas de CRM de las organizaciones desarrolladora de soluciones de CRM y de sus clientes y usuarios del respectivo software de relación con clientes. Los clientes de la empresa usuaria consisten en otras organizaciones, respondiendo de nuevo por una relación de negocio entre las empresas. Se concluyó que los entrevistados apropiados serían los involucrados en la definición y control de los proyectos, en los que se excluyeron los programadores porque sólo implementan soporte técnico. Fueron entrevistados los tres directores centrales del proyecto en la empresa desarrolladora de CRM y el gerente de la empresa cliente. Los clientes de la empresa usuaria de la solución de CRM no se incluyeron en la encuesta por falta de acceso.

Alineado a lo que sugiere Malhotra, la validación del contenido de los guiones se hizo con expertos mediante el envío de estos a Doctores del Área de Marketing, que participan en la búsqueda de Marketing Relacional y CRM. La obra de Bardin se utilizó como referencia para el análisis de contenido. En cuanto al método utilizado para la obtención de los resultados, se llevó a cabo el llamado análisis nomológico. Esto es considerado por Bunn como "el último paso en el desarrollo de medidas". La validación nomológica de este caso de estudio se obtuvo mediante la comparación de los resultados de las entrevistas ante aquellos indicadores construidos por revisión de la literatura.

# RESULTADOS DEL CASO DE ESTUDIO DE LA DIMENSIÓN ORGANIZACIONAL DEL CRM

Los resultados organizacionales sobre la relación de CRM entre las empresas se describen sintéticamente por variable, en respuesta a los presupuestos del análisis nomológico presentado en el método. La triangulación de resultados incorpora la comparación sistemática entre cada construcción teórica de una variable y sus resultados empíricos.

En el análisis del caso de estudio fueron reconocidos como indicadores la relación entre la teoría, la compañía de desarrollo y una empresa cliente y usuaria de las soluciones de CRM. A pesar de la innegable importancia de los elementos tecnológicos, los resultados propuestos en este estudio se concentran en la composición de los vectores organizacional para un CRM eficaz. En la práctica, (dimensiones tecnológicas y organizacional), son elementos inseparables.

# RESULTADOS DE LA VARIABLE PLANIFICACIÓN Y SEGUIMIENTO DEL PROYECTO DE CRM

En el contexto de la empresa desarrolladora de CRM existe una herramienta desarrollada internamente utilizada sólo en el seguimiento del proyecto de la empresa cliente de la investigación. Esto ilustra el alto tamaño de esta herramienta, teniendo en cuenta las proporciones de ambas empresas, líderes en sus respectivos segmentos: computación en general y medios de comunicación. Los gerentes de la empresa de desarrollo de software están certificados en gestión de proyectos o Project Management Professional (PMP), una certificación internacional proporcionada por el Project Management Institute (PMI). Los indicadores de este reglamento determinan los procedimientos que deben adoptarse. El desarrollador de CRM actúa mediante la evaluación de los cambios necesarios, lleva a cabo el seguimiento y constantemente comprueba la calidad de la solución. Los detalles del sistema parten de la empresa cliente-usuaria.

En la empresa cliente de CRM, el enfoque de la planificación y el seguimiento se enfrenta a la estrategia comercial. Se pidió al desarrollador proporcionar una mejor definición del negocio y definir la arquitectura del sistema. En una etapa posterior, se pidió a la compañía de software desarrollar aplicaciones y mejoras en el sistema. La contratada, sin embargo, no ayuda en términos de negocio, debido al enfoque restringido en software (planta investigada).

La teoría en líneas generales proclama que las personas, los procesos y los sistemas deben integrarse para que las iniciativas de CRM sean viables. El CRM no sólo requiere una monitorización sino también la planificación y preparación de la organización para eventuales cambios que se puedan producir. Los procesos deben ser conocidos y mejorados para obtener información precisa de los clientes. Esta información puede ser utilizada por las organizaciones para lograr resultados y rendimiento superior en las operaciones.

En resumen, la relación entre las empresas y de estas con la teoría en este indicador muestra que la gestión del entorno de la empresa cliente es una práctica dinámica. En la desarrolladora de software, todos los aspectos de la planificación y el seguimiento de los proyectos siguen reglas rígidas. Estos son guiados por las herramientas de gestión interna y por la norma que la empresa sigue para conseguir un referente de calidad en el desarrollo de software, que se confiere por el PMI, que la empresa en el momento de la investigación se encontraba a punto de obtener el nivel tres. Aunque el promotor cumple con los requisitos de la usuaria de CRM, existen lagunas a solucionar. La usuaria se centra en la planificación y el seguimiento de la estrategia empresarial; la empresa desarrolladora en el software. Es el punto no alineado entre las empresas.

# RESULTADOS DE LA VARIABLE RECURSOS HUMANOS

Los equipos de los proyectos de desarrollo llevan a cabo entrenamientos constantes, muchos de los cuales son obligatorios. Una de las preocupaciones es que el cliente utilice la solución desarrollada en su totalidad. La compañía de software considera conocer de forma completa sus capacidades internas y el equipo de desarrollo conoce y trabaja con la visión de todo el proyecto. La capacitación del personal de la empresa cliente de CRM no es hecha por la desarrolladora de la solución. La influencia ejercida por la desarrolladora para la delegación de poder y de tareas al personal de la empresa cliente se limita al asesoramiento en la toma de decisiones. La adopción de especificaciones de personal y sugerencias de desarrollado de CRM sólo se aceptará si la empresa cliente lo estima conveniente.

La empresa cliente-usuaria de CRM se divide en relación con las ventas de espacio comercial en dos subáreas. El marketing que apoya a las estrategias de ventas y; las operaciones comerciales que se refieren a la entrega de las ventas y los medios de formación y apoyo. La compañía de software no ofrece ningún tipo de formación al cliente, lo que puede ser entendido como una tara. La usuaria de CRM reconoce la competencia del personal de su proveedora de soluciones de tecnología de relacionamiento con los clientes. Un fallo de la empresa cliente fue no medir las mejoras adquiridas durante el uso de las nuevas tecnologías utilizadas en sus operaciones. El personal de la empresa cliente está mejorando y esta laguna sobre la medida será parte de la pauta de las prácticas de gestión a ser redefinidas.

En cuanto a la teoría, para que el CRM se convierta en una práctica organizacional, se necesita un clima favorable y una estructura organizacional adecuada. A través de la formación la empresa puede transmitir de forma adecuada y estructurada su planificación y difundir los valores organizacionales de manera uniforme para ser cultivados. Para el éxito de las acciones de relacionamiento con los clientes, los empleados de la organización deben estar seguros de su importancia en el papel que desempeñan y en las funciones que deben cumplir.

En la comparación general de este indicador, se encontró que la compañía de software no pudo obtener un mayor reconocimiento de calidad por la empresa cliente por no haber proporcionado la formación inicial para utilizar el sistema. Esta acción podría representar un diferencial pero no se hizo. La empresa usuaria también falló en la preparación inicial del personal, aunque con el paso del tiempo haya tenido más éxito. También perdió la oportunidad de medir la efectividad de la solución, comparando el rendimiento antes y después del uso de la solución proporcionada por la empresa desarrolladora.

En cuanto a los demás aspectos existen conocimientos mutuos entre organizaciones y estas también conocen la plenitud de sus fuerzas de trabajo. Las empresas investigadas en este trabajo interactúan a través de un amplio y abierto canal de comunicación. Hay en la actualidad congruencia en este indicador, lo que no ocurrió en la fase inicial de la asociación.

# RESULTADOS DE LA VARIABLE CAMBIO EN LA FILOSOFÍA ORGANIZACIONAL

En la empresa de tecnología, la evaluación de los objetivos y las acciones subsiguientes no son aspectos negativos para el proyecto. Hay mejoras continuas, evolutivas y el aumento de la calidad en la empresa. Esta mejora se transmite para satisfacer las necesidades de los clientes. La empresa desarrolladora controla mejoras internas mediante indicadores. Todos los cambios están relacionados con los proyectos y estos son manejados de forma independiente. Cada proyecto es único. Las adaptaciones requeridas a la organización por parte del cliente son vistas como necesarias. Las cuestiones internas son revisadas y es hecho el choque cultural. La integración entre sectores también es objeto de revalorizaciones, para la unión de las fuerzas, a través de procesos de formación y revisión de los proyectos.

Consta en la teoría que toda forma de cambio enfrenta un cierto grado de resistencia. Sin embargo, los cambios son necesarios para que la empresa lleve a cabo acciones efectivas de CRM. Entre estos cambios, los ocurridos en la filosofía empresarial son esenciales para que la relación con los clientes sea efectiva y significativa.

En la coherencia analítica se encontró que los cambios, sobre todo los que afectan a la cultura y a la rutina de las actividades, muestran que las empresas encuestadas están de acuerdo con la referencia teórica. En la fase inicial los procesos de cambio son traumáticos, pero son un procedimiento fundamental para que las organizaciones prosperen y se mantengan en línea con el mercado. Cuando es necesario, las empresas están dispuestas a hacer cambios para mejorar las operaciones. Esta variable de estudio presentó la alineación completa de la relación existente entre la empresa de desarrollo, la compañía cliente-usuaria y la teoría de CRM.

# RESULTADOS DE LA VARIABLE ESTRUCTURA INTERNA DE PODER

La unión al proyecto y la relación de poder implica a toda la compañía de software, además de ser un factor crítico para el éxito. La empresa desarrolladora de soluciones de CRM informa que en la empresa cliente ocurre un fenómeno similar. Evaluaciones en la firma proveedora se realizan teniendo en cuenta a afectados y no afectados. La gestión de todos los miembros del proyecto es constante. Empowerment se lleva a cabo dentro del proyecto y la tecnología activa verifica que este formato de delegación de poder también se produce en la empresa cliente. La proveedora de CRM no interfiere en la delegación de poderes en su cliente, al presentar los requisitos para el funcionamiento del sistema en forma de sugerencia. La empresa de software funciona en una estructura jerárquica matricial, con órdenes top down y a través de líderes, que son cruciales para las operaciones que se realizan en la empresa cliente.

A su vez, el acceso al operacional de la solución de CRM se define en la compañía cliente, en niveles de acceso por jerarquías. El liderazgo en la herramienta no está definido por las normas formales al ser un proceso dinámico. La autogestión es una práctica común en la empresa, que también afecta al nivel operacional. Existe la práctica de empowerment y la preocupación por los líderes. El tipo de liderazgo no es formal pero se asigna y se da a entender, de acuerdo con la naturaleza del cargo. Incluso si no se establece de manera rígida, el liderazgo se entiende en la empresa cliente como un aspecto crucial.

Dice la constitución teórica que para que las prácticas de CRM sean generalizadas en la empresa, éstas requieren la aceptación primaria de los más altos cargos de la estructura jerárquica de la organización. Sin embargo, el compromiso debe ser total, lo que hace que la delegación del poder a los empleados sea una práctica esencial, a través de las acciones de empowerment.

Para una definición clara de los vínculos de los empleados surge la necesidad de líderes. El comportamiento del líder es referencial de conducta y es esencial para una gestión adecuada y eficaz de las actividades de CRM.

En el análisis final de esta variable hay una relación de interacción entre las empresas entrevistadas adecuada y bien dimensionada. En cuanto al mantenimiento del sistema de CRM la empresa desarrolladora opera directamente en el entorno de su cliente. Hay líderes en ambas compañías y estos realizan comunicaciones sin barreras de información. El elemento de toma de decisiones en la empresa usuaria puede estar influido por el desarrollador, pero la empresa cliente es quien toma la decisión final en su entorno. La intervención de desarrollo en la empresa usuaria de CRM se hace mediante la solicitud de la propia empresa cliente. La compañía de software construye lo que quiere el cliente. Las formas de liderazgo de las empresas son diferentes. El liderazgo en la vendedora del sistema se realiza mediante una estructura rígida y se define por la jerarquía. En la estructura de la empresa que opera el CRM, la estructura es más dinámica, en la que hay diferentes niveles de toma de decisiones. Sin embargo, la empresa cliente opera con un liderazgo mucho menos estructurado, lo que proporciona una mayor dimensión a los empleados que trabajan en equipo, lo que proporciona la distribución de poder adecuado para el trabajo con los clientes. Las congruencias son relativas en la variable organizacional Poder.

# CONSIDERACIONES FINALES

Ante el resultado de las triangulaciones, se puede presentar la esencia de las cuatro variables de la dimensión organizacional del CRM. Las variables se describen comenzando por la "Planificación y Seguimiento del Proyecto del CRM". Parece que este indicador es consistente en prácticamente todos los aspectos analizados, a excepción de las diferencias derivadas de la propia naturaleza de las organizaciones. La empresa desarrolladora está orientada principalmente al desarrollo de software, mientras que su cliente-usuaria de la solución de CRM centra sus estrategias en una perspectiva fundamentada en la estrategia comercial.

Las variables "Recursos Humanos" también son congruentes dado el estado actual de la colaboración entre las empresas. En el inicio de la relación, probablemente debido a las diferentes estructuras y enfoques, las empresas no fueron congruentes en la integración de sus activos humanos. El problema de la incongruencia inicial fue dirigido a la actual fase de colaboración mediante la creación por parte del socio de un amplio y abierto canal de comunicación, dirigido a la comprensión mutua entre las empresas, a pesar de todas las diferencias encontradas. Para las necesidades de reestructuración y adaptación del proyecto, y ante los esfuerzos para el éxito de la asociación, las empresas consiguen la coherencia en lo que se presentó como "Cambio en la Filosofía Empresarial", un indicador que muestra la coherencia entre la relación de esta variable con la anterior.

Por último, y como uno de los resultados más importantes, la proporción de "Poder" entre las empresas fue vista como una congruencia relativa. La caracterización relativa se presenta de acuerdo con las empresas, aunque interactuando con la calidad de la asociación, seguía sin cambiar su estructura de liderazgo, confianza y poder. A pesar de la relación relativamente estable entre las organizaciones y de la evolución gradual de la asociación, las estructuras jerárquicas difieren. Mientras que la empresa cliente opera a través de una gestión orientada dinámicamente, por objetivo y resultado, la compañía de desarrollo de CRM, en la planta de negocios investigada, mantiene una estructura jerárquica, rígida y matricial. El análisis de los datos secundarios muestra que la jerarquía es una característica general de la institución, visto que configura una empresa multinacional, y líder en su segmento central de actuación. Como los estándares de software seguidos son un estándar de adopción internacional, se supone que una de las razones que justifican la estructura jerárquica de las operaciones de la empresa de desarrollo de soluciones de CRM investigada en este trabajo.

Los indicadores teóricos propuestos muestran la importancia de los aspectos organizacionales para las prácticas de relación con los clientes, demostrando que el CRM es una estrategia formada por sinérgicas y necesarias variables. Por último, está el cuadro de resultados de la dimensión organizacional del CRM, construido mediante la triangulación entre teoría y los resultados empíricos que se obtuvieron en las empresas, respectivamente, firma desarrolladora y firma usuaria del software de relación con los clientes.

| VARIABLES DE LA DIMENSIÓN ORGANIZACIONAL DEL CRM | CONGRUENCIAS DEL ESTUDIO |
|---|---|
| Planeamiento y Seguimiento del Proyecto de CRM | El indicador es constante en casi todos los sentidos, a excepción de algunas lagunas y la diferencia en el enfoque de las empresas. Enfoque de la Desarrolladora: Software. Enfoque de la Cliente-usuaria: Estrategia Comercial. |
| Recursos Humanos | En la fase actual de la asociación existe congruencia, aunque al principio no fue así. Las empresas interactúan a través de un canal de comunicación amplio y abierto. |
| Cambio en la Filosofía Empresarial | Indicador congruente en la relación desarrolladora-usuaria-teoría. |
| Poder | La variable Poder cuenta con congruencia relativa. *<br><br>* Las empresas operan a través de diferentes estructuras de liderazgo. La desarrolladora es rígida y matricial. La cliente-usuaria es una empresa con operaciones y gestión dinámicas. |

*Tabla 1: Resumen de los resultados de la Dimensión Organizacional CRM.*

A través de los resultados obtenidos, ilustrados en la tabla anterior, surgen cuestiones para futuras investigaciones. Por ejemplo, una de ellas es identificar, "¿Cómo reducir el sesgo de foco con organizaciones con énfasis distintos para aproximar las visiones de negocio de una cliente usuaria del sistema y de la tecnología propuesta por la empresa desarrolladora de CRM?". A pesar de la orientación para el software, la empresa de tecnología requiere comprender al menos de forma superficial las operaciones de la empresa cliente, con el fin de desarrollar un CRM eficaz. También las diferentes estructuras organizacionales requieren adecuación para que el proyecto tenga éxito, lo que ocurrió en caso el presentado.

Las personas también constituyen un elemento que requiere integración para el éxito de un desarrollo personalizado de solución tecnológica. Al igual que en el caso presentado en el desarrollo a largo plazo es común la intervención de diferentes empresas en la estructura de la otra, en el caso, de personal de desarrollo en el entorno de la empresa cliente. Es necesario definir de manera adecuada como se producirá este tipo de intervención, tanto para fines contractuales como para fines operativos, teniendo en mente la armonía en la relación B2B.

# EL CRM PARA LA INICIACIÓN, MANTENIMIENTO Y FINALIZACIÓN DE LAS RELACIONES COMERCIALES

Este capítulo tiene como objetivo analizar cómo la aplicación de un sistema de CRM (Customer Relationship Management) afecta a la iniciación, el mantenimiento y la finalización de las relaciones comerciales en un proveedor de servicios bancarios. En concreto, hemos tratado de entender cómo los sistemas de CRM favorecen la evaluación de clientes actuales y potenciales, y verificar si la implantación de sistemas de CRM se asocia con una mejor comprensión del cliente y de las interacciones anteriores, en este contexto de servicio. Una investigación cualitativa se llevó a cabo en una gran institución bancaria. Los resultados muestran que los sistemas de CRM tienen una contribución importante sólo en relación con la fase de mantenimiento de los clientes, principalmente a través de la venta cruzada, cross-selling.

# *INTRODUCCIÓN*

Por primera vez en su carrera desde hace setenta años, la Asociación Americana de Marketing - AMA incluyó en la definición de marketing, la gestión de las relaciones con los clientes: El marketing es una función organizacional y un conjunto de procesos que buscan crear, comunicar y entregar valor a los clientes y gestionar las relaciones con los clientes con el fin de que beneficie a la empresa y a sus grupos de interés (AMA, 2004).

La decisión de incluir en el marketing una palabra clave denominada gestión de la relación con el cliente no excluye el contexto transaccional o el intercambio discreto de su función. Después de todo, cada relación de negocios comienza por una transacción pero es un reconocimiento de que, en muchas situaciones de negocios, puede haber una perspectiva o un énfasis más transaccional o más relacional, dependiendo del conjunto de factores tales como la naturaleza del producto, la situación competitiva, la condición del mercado y las necesidades y los deseos de los clientes.

Así, el marketing relacional o marketing dirigido a las relaciones comerciales busca identificar, establecer, mantener, mejorar y, cuando es necesario, terminar las relaciones con los clientes (y otras partes). Esto es posible a través de un intercambio mutuo y del cumplimiento de promesas.

En este contexto, se encuentra el concepto de relación derivada de interacciones sucesivas y, sobre todo, el recuerdo de las interacciones pasadas, dado que la calidad de las interacciones se define por el número de veces que los involucrados se recuerdan y utilizan los recuerdos de estas interacciones anteriores (Greenberg, 2001). Desde la perspectiva de la empresa, el cliente es una parte de su mercado total pero desde la perspectiva del cliente cada punto de contacto es una relación con la empresa, en la figura del representante (Gordon, 1999). Otros factores, como la confianza y las interacciones del tipo gana-gana, son cruciales y necesarios para el establecimiento y la continuidad de una relación (Gordon, 1999).

El gran reto de la filosofía del marketing relacional es exactamente el alcance de sus objetivos, como se mencionó anteriormente, ya que el conocimiento del cliente contiene ciertos atributos que lo convierten en uno de los más complejos tipos de conocimiento, poseyendo carácter dinámico.

Es precisamente a través del sistema de gestión de relaciones con el cliente (CRM), uniendo las áreas de marketing y de la tecnología de la información, que, según Gummesson, las mejores prácticas de marketing relacional prometen ser puestas en práctica. Para el autor, el CRM tiene como objetivo hacer posible la mejora de la experiencia del cliente en cada interacción con la empresa, para conocerlos, para evaluarlos, para que todos los puntos de contacto de la organización estén integrados con ellos y cambiar los procesos relacionados con la satisfacción de sus necesidades. Así, el CRM se compromete a influir en la iniciación, mantenimiento y finalización de las relaciones comerciales con sus clientes, lo que incluye la interacción con ellos en sus diferentes etapas del ciclo de vida, incluso con aquellos que tengan la intención de abandonarlos o ya lo han hecho. Estas ventajas, entre otras, han sido ampliamente anunciadas por las empresas de consultoría y softwarehouses. Con todo, al mismo tiempo, surge en el mundo académico, la preocupación: ¿el CRM es una "nueva gran idea" actuando en el mercado como una manera oportunista para aumentar las ventas, o, de hecho, el CRM tiene apoyo académico e implicaciones gerenciales eficaces? Aparte de eso, algunas cuestiones fundamentales deben abordarse. Aunque el soporte conceptual del CRM sea difícilmente cuestionado, los desafíos de implementación parecen ser enormes, como lo demuestran los estudios en busca de marketing comercial. Estos estudios proporcionan evidencias convergentes de que aproximadamente el 70% de los proyectos de CRM generan malos resultados para el desempeño de las organizaciones.

En el caso de los proveedores de servicios bancarios, de acuerdo con Ferro, las dificultades de la gestión de las relaciones con los clientes se evidencian por la multitud de clientes, productos (inversiones a corto y largo plazo, seguros, tarjetas de crédito, etc.) y de canales de atención (agencias, cajeros, Internet, teléfono, servicios bancarios y softwares específicos para transacciones financieras). Estos son hechos que hacen que el diseño de sistemas capaces de integrar todos los puntos de contacto con el cliente y de realizar la captura y estructuración de las diversas informaciones que participan en el proceso de CRM, con el fin de generar una visión unificada y enfocada para el cliente – algo extremadamente complejo y desafiante.

Por un lado, las instituciones financieras tienen un gran reto que hay que superar, Bretzke establece que estas tienen numerosas oportunidades para recopilar información sobre sus clientes, sin incurrir en altos costes. Con las bases de datos, los clientes actuales y potenciales es probable intensificar la lealtad a la empresa.

Según la autora, lo que pasa es que, a menudo, los bancos y las aseguradoras interrumpen esta espiral de intensificación de la fidelidad, y se satisfacen simplemente con la conversión de un cliente potencial en cliente de la institución.

En función de los argumentos anteriormente esgrimidos, la pregunta a la que hemos tratado de responder es: ¿Cómo las aplicaciones de los sistemas de CRM afectan a la iniciación, mantenimiento y finalización de las relaciones de las instituciones bancarias con sus clientes finales?

El problema descrito anteriormente dio lugar a los siguientes objetivos: (1) analizar cómo la aplicación de un sistema de CRM afecta a la iniciación, mantenimiento y finalización de las relaciones comerciales en un proveedor de servicios bancarios, que es el objetivo principal; (2) comprender cómo los sistemas de CRM favorecen la evaluación de los clientes actuales y potenciales de estas empresas; y (3) verificar, en este contexto, si el uso de los sistemas de CRM se asocia con un mejor conocimiento de los clientes y de las interacciones pasadas.

## REFERENCIAL TEÓRICO

Las relaciones con los clientes crecen en importancia en la determinación del éxito de una empresa, mientras que otras formas tradicionales de diferenciación competitiva - tales como los productos - se desgastan o se neutralizan en muchos sectores, como la banca. De hecho, esa es una zona que queda en la empresa que puede ser proactiva y controlar su destino. Una empresa no puede controlar el avance de la tecnología, la economía, por no hablar de su competencia, pero puede controlar la forma en que maneja sus relaciones con sus clientes. Zineldin corrobora este punto de vista, considerando que las empresas deben desarrollar relaciones a largo plazo con sus clientes.

Las microempresas de diversas ramas de actividades son capaces de gestionar la relación con sus clientes, sin la necesidad de una formalización en el tratamiento de la información sobre ellos y sus especificidades. Esto ocurre por la pequeña cartera de clientes y, en consecuencia, por la mayor capacidad de la dirección y de los empleados para retener información basada sólo en la memoria. Sin embargo, con la creciente complejidad de las organizaciones y del número de clientes, esta práctica se vuelve obsoleta, siendo necesarios otros procedimientos estructurados para el manejo de datos y de la información del cliente. Aquí es donde la tecnología de la información centrada en el CRM se convierte en crítica para el proceso de contacto con el cliente. Según Sena, "El conocimiento sobre el cliente no sólo puede obtenerse a partir de técnicas tradicionales [...] Este conocimiento debe darse a partir de tecnologías afines a las actitudes corporativas [...]". En este sentido, Belitardo añade que después de muchos contactos y en diversos lugares, las relaciones con los clientes se vuelven imposibles de ser administradas sin el apoyo de tecnología de la información, especialmente las bases de datos.

Se observa que el CRM no es un fenómeno reciente y restringido al uso de la tecnología y del software, a pesar de que los avances de los sistemas automatizados han dado mayor relevancia al tema desde finales de los años 90. Es un concepto, cuya filosofía se basa en los principios del marketing de relación y la tecnología es una herramienta necesaria para su aplicación (Belitardo, 2000). Para Gordon y Zineldin, el CRM aparece como un modelo de negocios, que combina la tecnología con los componentes humanos y estructurales, lo que permite la gestión de las relaciones entre las personas y la búsqueda de crear y mantener relaciones duraderas, mediante la creación de más valor para las partes a largo plazo.

El sector bancario, según Gonçalves y Gosling, tiene características únicas que favorecen la aplicación del marketing relacional - por ejemplo, favoreciendo las relaciones a largo plazo como una manera de controlar los tomadores de préstamos y producir información para el crédito. Además, la mayoría de los empleados reciben sus salarios vinculados a la rentabilidad de los bancos, lo que facilita la adopción de estrategias de marketing relacional. Por otro lado, los autores consideran que hay otras características relevantes con otros sectores, como el flujo continuo de interacciones con los clientes, la presencia de servicios a largo plazo y la apertura de los clientes a la relación, como formas de combatir los riesgos. Vale la pena destacar que el sector bancario es uno de los mayores inversores en tecnología de la información. Así que todos estos hechos facilitan el uso de tecnologías, procesos y estrategias dirigidas al CRM en el contexto de los proveedores de servicios bancarios.

Gummerson conceptualiza el CRM como los valores y las estrategias de marketing relacional traducidas en aplicaciones prácticas. Del mismo modo, Bretzke enseña que una empresa puede obtener una ventaja competitiva mediante la toma de decisiones estratégicas desarrolladas con mayor conocimiento del mercado, de la infraestructura del sector, de los proveedores y de los competidores. Estas visiones se vuelcan a la estrategia.

Por otra parte, Greenberg ofrece una visión volcada al sistema: CRM es un sistema completo que (1) proporciona los medios y el método para mejorar la experiencia del consumidor individual por lo que se convierte en un cliente para toda la vida, (2) proporciona los medios técnicos y funcionales para la identificación, conquista y la retención de clientes, y (3) proporciona una visión unificada del cliente a la organización en su conjunto.

Finalmente, Reinartz et al. (2004) conceptualizan CRM como un proceso sistemático de gestión de las relaciones con los clientes en la iniciación, mantenimiento y finalización, a través de todos los puntos de contacto para maximizar el valor de la cartera de relaciones. Añade también que este proceso tiene sub-dimensiones para cada dimensión primaria (iniciación, mantenimiento y finalización) de la relación. La evaluación del cliente es la primera sub-dimensión de cada dimensión primaria. Las posteriores sub-dimensiones son gestión de la adquisición y de la recuperación para la etapa de iniciación; la gestión de la retención, up-selling/cross-selling y la indicación para la etapa de mantenimiento; y la gestión de salida para la fase de finalización.

Por lo tanto, se observa que tres palabras clave forman el concepto de CRM: estrategia, proceso y sistema. Aquí asumiremos el concepto de CRM como un sistema capaz de aplicar los principios del marketing de relaciones, con el fin de gestionar las relaciones con los clientes en todo el proceso sistemático para iniciar, mantener y finalizar las relaciones con los mismos.

Jayachandran señala que muchas empresas han invertido en tecnología de CRM esperando discriminar entre clientes rentables y no rentables, proporcionar servicios personalizados y lograr una mayor retención de clientes. Para Mithas et al., la principal motivación de una empresa para implementar aplicaciones de CRM es identificar el comportamiento del cliente, con el fin de conocer mejor sus preferencias y necesidades apremiantes. Gracias a la organización y el uso de esta información, las empresas pueden diseñar y desarrollar mejores productos y servicios.

Gummeson y Gordon añaden que el foco del CRM es generar valor creciente tanto para el accionista como para el cliente o prospect a largo plazo. Por último, Swift señala que las aplicaciones de CRM son impulsadas para la búsqueda de aumentar la retención, fidelidad y rentabilidad de los clientes.

El CRM, según Dyer y Liebrenz-Himes, tiene dos objetivos principales: (1) proporcionar los medios para adquirir información sobre los comportamientos de los clientes, estilos de vida y necesidades, permitiendo así a los usuarios predecir el comportamiento; y (2) utilizar esta información para satisfacer mejor las necesidades de los clientes. Según los autores, este enfoque proactivo sirve a una organización para proporcionar a los clientes un servicio único que está dirigido a satisfacer sus deseos y necesidades y también sirve como una fuente de ventaja competitiva.

El CRM puede facilitar la fidelización de los clientes debido a la provisión de servicios personalizados y de una mejor comprensión de los clientes, lo que permite la segmentación del mercado para identificar dónde pueden ser construidas relaciones rentables permanentes y la diferenciación de la competencia. Las empresas pasan a ser estructuradas de acuerdo con las características de los clientes y de sus necesidades específicas. Reichheld y Gordon destacan que la lealtad se logra principalmente por proporcionar valor añadido a cada cliente. Por lo tanto, el CRM no se limita a proporcionar un valor personalizado- como presupone, por ejemplo, una campaña de marketing one to one - sino también un valor más alto en cada interacción con el cliente.

Belitardo corrobora este punto de vista, considerando que el cliente, al proporcionar información a la organización, está invirtiendo en la relación, incluso cuando la enseñanza de sus necesidades, preferencias y gustos implica costes. A su vez, el CRM genera un diálogo único y continuo entre las partes a lo largo del tiempo. Para que esto ocurra, primero deben identificarse (características, forma preferida de contacto, todas las quejas y acciones tomadas) y diferenciación (necesidades y valor) del cliente.

Se observa que esta información debe estar disponible en todos los puntos de contacto con el cliente. Además, el CRM almacena y "trabaja" toda la información sobre el cliente para generar productos cada vez más optimizados a sus necesidades específicas. Pero si el valor corresponde a la percepción que tiene el cliente de los beneficios menos los costes de mantener una relación continua, entonces el CRM crea valor y, en consecuencia, la fidelidad.

Gardesani y Silva citan que la adquisición y reconquista estratégica de los clientes, así como una mayor participación de los clientes (share of customer), pueden ser considerados como el primer y el último paso, respectivamente, del desarrollo de la lealtad del cliente. Si el CRM, según Handen, se puede dividir en cuatro tipos de programas - de adquisición de clientes potenciales (prospecting), reconquista de clientes, conquista de la lealtad de los clientes y ventas por cross-selling y up-sell- entonces este puede generar relación.

Además de eso, Gardesani y Silva verifican empíricamente el impacto positivo del CRM en las siguientes variables: consecución de clientes rentables, reconquista de clientes, fidelización de clientes y ventas por cross-selling y up-sell. Es de destacar que Dyer y Liebrenz-Himes abogan por el uso del CRM "como una herramienta para atraer y retener clientes, sobre todo cuando las relaciones personales son fundamentales para la lealtad del cliente".

Mithas et al. (2005) consideran que las aplicaciones de CRM afectan la satisfacción del cliente por tres razones. La primera es que permiten a las empresas personalizar las ofertas para cada cliente, acumulando información de las interacciones con los clientes y procesando esta información para descubrir patrones ocultos. A su vez, las ofertas personalizadas aumentan la percepción de calidad de productos y servicios desde el punto de vista del cliente. La calidad percibida es un determinante de la satisfacción del cliente y, por lo tanto, las aplicaciones de CRM afectan indirectamente a la satisfacción del cliente a través de su efecto sobre ella.

En segundo lugar, además de aumentar la calidad percibida de las ofertas, las aplicaciones de CRM también permiten a las empresas mejorar la confianza en la experiencia del consumidor, al facilitar la tramitación precisa de pedidos de los clientes y la gestión continua de las cuentas de estos clientes.

Por último, las aplicaciones de CRM también ayudan a las empresas a gestionar las relaciones con los clientes de manera más efectiva a través de las etapas de iniciación, mantenimiento y finalización de la relación.

Mithas et al. (2005) sugieren que el valor real de las aplicaciones de CRM radica en la recopilación y difusión de conocimiento del cliente, obtenido a través de interacciones repetidas, que permiten a las empresas delinear sus ofertas para atender las necesidades de sus clientes. Gummerson hace hincapié en el tema del conocimiento del cliente, estableciendo como principal valor del CRM la transformación del capital humano en capital estructural, que forma el conocimiento incorporado (inseparable de su entorno) en detrimento de la migración (portátil). El CRM electrónico (eCRM) es, principalmente, capital estructural.

La información sobre el consumidor previamente almacenada en la cabeza de una o algunas personas ahora se puede almacenar en data warehouses y someterse a la minería de datos. La información se mantendrá incluso si el empleado deja la empresa. No obstante, mantener el data warehouse en forma es el reto oscuro que el equipo no puede manejar por sí solo - y esta es una de las principales funciones del componente humano (hCRM).

Jayachandran hace hincapié en el papel del CRM en las relaciones, a través de la información. El autor considera que el establecimiento de relaciones entre las empresas y sus clientes implica la comunicación, la confianza y el compromiso. La comunicación es necesaria para la confianza y esta para el compromiso. Así, el primer paso para el establecimiento de una relación es la comunicación que, en el contexto del CRM, implica el intercambio de información entre una empresa y sus clientes. Para construir y mantener relaciones, es también imprescindible que las empresas utilicen la información para dar forma a las respuestas adecuadas a las necesidades del cliente. En efecto, la información juega un papel clave en la formación y en el mantenimiento de relaciones con los clientes.

En cuanto a la evaluación de los clientes, Reinartz et al., afirman que: "Un hallazgo común es que los mejores clientes no reciben su parte justa de atención y que algunas empresas invierten mucho en los clientes poco rentables". Sucesivamente, Bendapudi y Berry consideran que el proceso de construcción y mantenimiento de las relaciones con los clientes extienden oportunidades y costes de inversión. De este modo, las empresas se pueden favorecer al descubrir aquellos clientes que son más receptivos para mantener relaciones lo que, en la concepción de Zineldin, constituye una manera de evaluarlos en relación a los transaccionales.

Los costes de inversión en la construcción de relaciones incluyen los costes de perforación, el coste de identificación de las necesidades del cliente y el coste de la supervisión del rendimiento. El pago de las empresas viene sólo cuando las relaciones duran. Por lo tanto, una empresa debe centrarse en la identificación de los clientes que tienen más probabilidades de mantener relaciones a largo plazo con ella. Por lo tanto, obtener una forma de evaluar el valor de los clientes es una herramienta importante en la determinación de los niveles de prioridad a dar a cada uno de ellos.

Según Zineldin, el CRM es una herramienta importante en la identificación de grupos de clientes y ayuda a decidir sobre la elección de los clientes que se mantendrán. En este aspecto, según Greenberg: Tener un CRM eficaz es ser capaz de determinar qué clientes son más rentables, identificar la causa de eso y asegurar que los procesos y prácticas específicas para dicho cliente mantienen o aumentan esta rentabilidad. También es capaz de identificar a los clientes menos rentables, comprender las razones de esto y ser capaz de cambiar las tácticas para asegurar la rentabilidad futura.

Greenberg argumenta que los clientes se evalúan mediante el cálculo del valor de su ciclo de vida, al igual que los ingresos generados por ese cliente en particular en relación con el ciclo de vida previsto para esta relación. Este último tiene, como factores determinantes, la tasa de retención de clientes, el valor medio monetario de un pedido de cliente, el número de solicitudes por año, el coste de adquisición de clientes, otros costes directos e indirectos, las ganancias por orden y la consideración de valor actual neto.

# METODOLOGÍA

Un estudio cualitativo se llevó a cabo utilizando como estrategia la investigación, el estudio de caso. Esto, de acuerdo con Bruyne et al. (1991), permite el estudio de los fenómenos en profundidad, a través de la elección de los casos particulares, preservando las características holísticas y significativas de los eventos de la vida real. En este estudio, se determinó un importante banco nacional, llamado Banco A. Como instrumento de recolección de datos se llevó a cabo entrevistas en profundidad, que se hicieron junto a un gerente y dos ayudantes regionales, aquí denominados Entrevistados 1, 2 y 3 respectivamente, con una duración media de 40 minutos. Las entrevistas se llevaron a cabo con el consentimiento de los entrevistados, siendo que los mismos fueron informados sobre la finalidad y los objetivos de la investigación, bien como se asumió la obligación de confidencialidad de los datos personales y de la institución.

Las entrevistas fueron grabadas, transcritas y analizadas por medio del análisis de contenido (Bardin, 1977), que se organizó en torno a tres polos cronológicos. El primero fue el pre-análisis, que fue simplemente la organización del material. En esta fase, todas las entrevistas se escucharon cerca de tres veces por todos los investigadores, de forma individual y luego de forma conjunta. El segundo fue la descripción analítica, donde el corpus, que es el campo en el que los investigadores deben fijar su atención, fue sometido a un estudio a fondo, orientado, en principio, por la cuestión de la investigación y revisión de la literatura. Este estudio en profundidad llevó a una discusión entre los investigadores, antes de la última etapa - la de categorización. El tercero, se refiere a los procedimientos, como la codificación, la clasificación y la categorización, que son básicos en esa instancia del trabajo, y la interpretación inferencial, fase que se inicia ya en la etapa del pre-análisis y es la reflexión apoyada en el material de información.

En esta última etapa se utilizó como regla de enumeración o modo de contado de presencia (o ausencia) de las unidades de registros o de significado expuestos en la Tabla 1. En esta tabla, se muestran las categorías y las subcategorías teóricas utilizadas, que surgen de la literatura.

*Tabla 1: Categorías y subcategorías teóricas del análisis*

| Categorías | Subcategorías teóricas | Autores |
|---|---|---|
| **Inicio de las relaciones con el uso de CRM** | Identificación de las necesidades de los clientes potenciales | **Mithas et al. (2005), Gummeson (2004), Gordon (1999) y Handen (2001)** |
| | Identificación de las necesidades de los clientes perdidos | **Reinartz et al. (2004) y Gardesani y Silva (2005)** |
| | Identificación de clientes potenciales | **Mithas et al. (2005), Gummeson (2004), Gordon (1999), Greenberg (2001) y Handen (2001)** |
| | Evaluación de clientes potenciales | **Gordon (1999), Reinartz et al. (2004) y Greenberg (2001)** |
| | Identificación de clientes perdidos | **Reinartz et sl. (2004) y Gardesani y Silva (2005)** |

| | | |
|---|---|---|
| | Evaluación de clientes perdidos | **Reinartz et sl. (2004) y Gardesani y Silva (2005)** |
| | Bases para segmentación de mercado | **Gordon (1999) y Zineldin (2006)** |
| | Identificación de costes para restablecer una relación con un cliente perdido | **Reinartz et al. (2004) y Gordon (1999)** |
| | Gestión de indicaciones de nuevos clientes a partir de los clientes actuales | **Reinartz et al. (2004)** |
| | Definición de la oferta | **Mithas et al. (2005), Gummeson (2004), Gordon (1999) y Handen (2001)** |
| **Mantenimiento de las relaciones con el uso de CRM** | Evaluación de clientes actuales | **Gordon (1999), Gummesson (2002), Greenberg (2001), Jayachandran (2005) y Zineldin (2006)** |
| | Histórico y utilización del conocimiento de | **Mithas et al. (2005), Gummesson (2002),** |

| | |
|---|---|
| interacciones pasadas | **Gardesani y Silva (2005) y Dyer y Liebrenz-Himes (2006)** |
| Identificación de las necesidades de clientes actuales | **Jayachandran (2005), Belitardo (2000), Sena (2003), Gardesani y Silva (2005) y Dyer y Liebrenz-Himes (2006)** |
| Conocimiento de los clientes actuales | **Mithas et al. (2005), Gummesson (2002), Gardesani y Silva (2005), Jayachandran (2005) y Dyer y Liebrenz-Himes (2006)** |
| Integración del sistema con todos los puntos de contacto con el cliente | **Gummesson (2002) y Greenberg (2001)** |
| Ofertas personalizadas para clientes actuales | **Mithas et al. (2005), Gardesani y Silva (2005), Gordon (1999), Jayachandran (2005) y Dyer y Liebrenz-Himes** |

| | | (2006) |
|---|---|---|
| | Venta-cruzada (*cross-selling*) | **Reinartz et al. (2004), Handen (2001) y Gardesani e Silva (2005)** |
| | Venda de produtos superiores (*up-selling*) | **Reinartz et al. (2004), Handen (2001) y Gardesani e Silva (2005)** |
| | Indicadores satisfacción de clientes actuales | **Reinartz et al. (2004) y Belitardo (2000)** |
| | Campañas específicas para clientes en fase de deserción | **Reinartz et al. (2004) y Gordon (1999)** |
| | Identificación de los principales motivos de deserción | **Reinartz et al. (2004), Belitardo (2000) y Gardesani y Silva (2005)** |
| | Identificación de clientes en fase de deserción | **Reinartz et al. (2004), Belitardo (2000) y Gardesani y Silva (2005)** |
| **Finalización de relaciones con el uso de CRM** | Identificación de clientes improductivos o de menor valor | **Gordon (1999), Gummesson (2002), Greenberg (2001), Jayachandran (2005) y Zineldin** |

| | (2006) | |
|---|---|---|
| | Identificación de los principales motivos de deserción | **Reinartz et al. (2004)** |
| | Definición de ofertas de bajo valor | **Reinartz et al. (2004)** |
| | Detección de fraudes y defectos | **Gordon (1999) y Reinartz et al. (2004)** |

# ANALISIS DE RESULTADOS

El Banco A es una institución financiera nacional e internamente usa el sistema CRM con el nombre de Gestión de la Relación con los Clientes - GRC, nomenclatura que se utilizará durante el análisis para una mejor comprensión de las declaraciones de los entrevistados. El sistema fue implementado con el fin de proporcionar a la institución de instrumentos capaces de identificar al cliente, su potencial de consumo, sus necesidades y sus expectativas, haciendo uso de la información sistematizada que pueda dirigir los esfuerzos de venta y servicio. El objetivo principal es la construcción, a lo largo del tiempo, de una base de clientes leales y rentables para la organización.

El GRC fue diseñado internamente dentro del banco e integra toda la información disponible acerca de los clientes en los diferentes puntos de contacto. En cuanto a su importancia en el desarrollo de las relaciones con el cliente, el Entrevistado 1 cree que el sistema de ayuda en la definición de estrategias volcadas al cliente por la acumulación de información sobre el mismo. Ya, el Entrevistado 2 añade que el sistema dice "[...] la cantidad de productos que un cliente en particular tiene. El hecho de que él no tenga un producto del segmento del que es parte, favorece que sea hecha la ampliación de la relación ofreciendo este producto".

Por último, el Entrevistado 3 hace la siguiente declaración, destacando cómo la compañía volcó su cultura para los clientes y fue capaz de ofrecerle un mejor servicio:"La importancia es enorme, así como el cambio de cultura. Anteriormente, la gente no tenía esta visión de trabajar el cliente en la forma de estrechar y fortalecer la relación con él. Los productos estaban allí, el foco estaba más en el producto que en el cliente, entonces el GRC llegó para un cambio de cultura necesario, el mercado está trabajando de esa manera y si la gente no hiciera eso seguro se quedaría al margen [...] Además, creo que el cliente se siente bien atendido por el banco, tratado de una manera especial".

En cuanto a la participación del sistema de GRC del banco en la iniciación de las relaciones comerciales, se observó, a través de los tres entrevistados, que es inexistente. Vale la pena señalar que el concepto de clientes potenciales utilizados en este caso no abarca sólo la capacidad financiera para adquirir productos y las necesidades que deben cumplirse por ellos, sino también que estos clientes no tuvieran ningún producto activo en el banco.

Según el Entrevistado 2, la iniciación de la relación en la actividad bancaria siempre es difícil, sobre todo porque, a diferencia de otras actividades para las que se dispone de datos en el mercado, la banca no tiene ese permiso, ya que los datos de los competidores están sujetos al secreto bancario y no se pueden pasar. El mencionado banco lleva a cabo la identificación de clientes potenciales a través del potencial de nichos de mercado, por eso se hace fuera del GRC, que también es afuncional en la gestión de recomendaciones de clientes potenciales a partir de los actuales. Además, el sistema no realiza la evaluación, la segmentación y la evaluación de las necesidades de los clientes potenciales.

El GRC es capaz de identificar a los clientes perdidos, pero no se utiliza para tales fines, y la segmentación se realiza por el nivel de ingresos y el volumen de negocios que fueron depositados. Por lo tanto, el sistema no hace una evaluación del cliente, ya que no determina los de mayor valor. Según el Entrevistado 2, "Un cliente puede ser rico y con un buen volumen de negocios, pero eso no quiere decir que sea más rentable que otros, el sistema no dice eso". El mismo entrevistado añade que, debido a su poder de negociación, muchos clientes exigen tasas de aplicación que generan bajos rendimientos al banco; así, lo que el sistema termina haciendo es sólo una evaluación cualitativa del cliente por un tipo de comportamiento o expectativa de ganancias. Así, el GRC no dice el valor del cliente y no llama la atención sobre su abandono, según el Entrevistado 1, la actitud de restablecer una relación depende en gran medida del feeling o de la percepción de los empleados.

En cuanto al mantenimiento de las relaciones comerciales por el Banco A en el uso del sistema GRC, se tiene que el mencionado sistema tiene su punto más fuerte en esta etapa del ciclo de vida del cliente, debido a que el foco de la cultura de la empresa se encuentra en la fidelización del cliente, según lo declarado por los entrevistados. En cuando a la contribución del sistema a la retención de clientes actuales, el Entrevistado 1 enfatiza el conocimiento sobre el comportamiento y el potencial del cliente y la capacidad de ofrecer productos que puedan mantenerlo. El Entrevistado 2 hace la siguiente consideración: "Básicamente por el nivel de los productos consumidos, nos permite conocer al cliente y nos ayuda a ofrecer un producto que sea el más adecuado para el cliente. Además, por ejemplo, si tiene muchos productos, le da un nivel de liberación de tarifas y eso el sistema lo hace [...], porque sólo a través de la gestión de las relaciones con el cliente, se sabe lo que tiene, lo que hace, el hábito de consumo y uso. Otro ejemplo, es que el GRC proporciona el nivel de utilización de amortización anticipada de los créditos, que es un producto bancario destinado a las empresas, y por lo tanto, influye en la tasa de interés cuando la gente va a contratar de nuevo con él, así él es un cliente de menor riesgo ya que tiene un histórico y eso fomenta la retención.

A su vez, el Entrevistado 3 establece que el GRC "[...] te da la vida del cliente desde el inicio de la relación con la empresa, toda su vida dentro de la empresa: compras de productos, servicios ofertados, utilizados y así sucesivamente". Por lo tanto, indirectamente, los entrevistados dan un enfoque sobre la importancia del sistema GRC para la venta cruzada.

En cuanto a la importancia del GRC en la aplicación de recursos para mantener a los clientes, se puede decir que es limitada. Aunque indique el comportamiento del cliente, el sistema no es capaz de evaluarlos y la aplicación de recursos depende en gran medida de las políticas del banco. En algunos casos, sobre la base de los ingresos y el volumen de negocios se ofrecen mejores tasas, enviando talonarios de cheques a las residencias de los clientes, se ofrecen billetes de avión para ver las carreras de automóviles, entre otros. Los entrevistados creen que la filosofía del marketing relacional, cuando es implementada, presupone la satisfacción para el cliente, pero el sistema no tiene manera de medir o garantizar esto. El Banco A acostumbra a hacer encuestas de satisfacción entre los clientes en varios segmentos pero de esta manera, se busca conocer el promedio de satisfacción del cliente en cada segmento - es decir, uno que representara todo el segmento. Esta encuesta de satisfacción también se hace fuera del sistema.

En el caso de la comunicación con el cliente actual, el GRC tiene un conjunto de herramientas, que según el Entrevistado 3, facilitan esta actividad. Son herramientas que, entre otras cosas, indican el perfil del cliente, los productos ya comprados y ofrecidos, y que facilitan la gestión de la atención. En este último caso, se hace la programación de visitas y entrevistas con el cliente, y se muestra todo lo que se ha hecho en términos de asistencia. Además, el sistema es capaz de discriminar cuando se ofreció el servicio, independientemente de si fue aceptado o no por el cliente, como explica el Entrevistado 2: "No se comete el paso en falso de ofrecer al cliente lo mismo que la semana anterior no quiso". Además, en la definición de la oferta, el sistema dirige que producto es el adecuado a ser ofrecido para determinado cliente dentro de su segmento.

El sistema es capaz de proporcionar indicadores que sugieren que los clientes están en fase de deserción pero no son exactas. Así es que la generación de un informe en la consulta de estado realizada por el empleado del banco informa que el cliente no hace movimiento espontáneo hace más de noventa días, pero la razón es desconocida. Además, el GRC no dice las razones de la deserción ni propone acciones a ser tomadas. Fortalecer una relación en esta etapa es una cuestión de actitud empresarial, de acuerdo con los tres entrevistados.

Como se dijo anteriormente, el sistema GRC tiene una fuerte presencia en la venta cruzada o cross selling, según el Entrevistado 2: "[...] ¡oh no! La venta cruzada es mi día a día [...]". Sin embargo, en el up-selling, que significa ofrecer al cliente un producto superior, esta participación es muy pequeña y depende en gran medida del feeling de la gestión. Obviamente, esto se debe a que una aplicación que genera una mayor rentabilidad para el cliente por lo general significa una menor rentabilidad para el banco - a menos que el cambio sea del tipo gana-gana, es decir, genere mayor rentabilidad para los socios, lo que implica reciprocidad, conforme establecen los principios del marketing relacional.

Se observa que el contexto de los servicios de banca ofrece una realidad muy diferente de la que implica, por ejemplo, los bienes de consumo, donde la venta de productos de calidad superior implica, necesariamente, agregación - es decir, la venta de otro producto no implica la pérdida de la venta anterior - ya en el caso del banco ella se trata de un reemplazo o sustitución.

Por último, en lo relativo a la finalización de las relaciones comerciales a partir del sistema de GRC, está claro que su participación es prácticamente nula. El sistema, como se mencionó anteriormente, no puede evaluar un cliente y por lo tanto no puede identificar con eficacia aquellos que pueden ser clasificados como no-rentables. Sin embargo, por la puntuación de la conducta, que se utiliza en la actividad de segmentación dentro del banco, el da una estimación de aquellos clientes que no merecen ser tratados e invertidos. Es importante destacar que, según lo declarado por el Entrevistado 2: "La actividad bancaria está sujeta a una legislación específica, por lo que no puedo simplemente por cuenta de la baja rentabilidad sugerida para un cliente terminar una relación. Por ejemplo, para un cliente muy molesto [...] tengo que tener un procedimiento para llamarlo, para informarle, dar un plazo, decir que dentro de 30 días su cuenta será cerrada, etc. Sobre todo si el cliente tiene un saldo en la cuenta, yo no me puedo apropiar del mismo. Tengo que llamarlo para que lo retire [...] por si solo eso ya es un elemento disuasorio [...] regularmente.

Por lo tanto, lo que el banco hace es dejar de ofrecer algunos beneficios para minimizar los costes y hacer la relación viable, ya que no es posible terminar fácilmente una relación. Es de destacar que no hay actitud como la de definir y ofrecer al cliente, con o sin la ayuda del GRC, un producto de bajo valor para poner fin a la relación con él. Sin embargo, esto no excluye la posibilidad de verificar esta subcategoría como impactante en otros tipos de organizaciones. Si la detección de clientes morosos se hace, a su vez la participación en la detección de fraudes es relativa, pues el GRC no dice directamente que en particular un cliente es fraudulento: él da indicios o sospechas de que ese cliente podría estar desempeñando este tipo de comportamiento. Por ejemplo, "Una persona tiene un ahorro y recibe dinero de varias partes del país y en el mismo día que lo recibe él saca todo el dinero del banco en menos de 24 horas" (Entrevistado 2). En los casos de incumplimiento y fraude, la relación se termina por el banco. La Tabla 2 muestra un resumen de los principales resultados encontrados.

*Tabla 2: Subcategorías teóricas etapas más importantes en la evolución de la relación*

| Inicio de la relación | Mantenimiento de la relación | Finalización de la relación |
|---|---|---|
| **Inexistente** | Conocimiento de clientes actuales | **Detección de fraudes e incumplimientos** |
| | Ofertas personalizadas para clientes actuales | |
| | Identificación de las necesidades de clientes actuales | |
| | Histórico y utilización de conocimientos de interacciones pasadas | |
| | Integración del sistema con todos los puntos de contacto con el cliente | |
| | Venta de produtos superiores (*up-selling*) | |
| | Venta-cruzada (*cross-selling*) | |

# CONSIDERACIONES FINALES

En cuanto al objetivo específico de entender cómo los sistemas de CRM favorecen la evaluación de los clientes actuales y potenciales de los proveedores de servicios de banca, se observó en el caso investigado, que esto no se hace de manera efectiva, ya que está la imposibilidad de determinar el valor real de un cliente. Lo que hay, tan solo, es un índice de expectativa de ganancias, con base en los ingresos y en el volumen de negocios, que se utiliza para segmentar los clientes existentes y no tiene aplicación para la prospección. Esta deficiencia tiende a debilitar la gestión de la relación con el cliente a lo largo de su ciclo de vida, pues no se sabe el valor del cliente lo que hace que este no reciba la atención necesaria ante su rentabilidad real, lo que refleja un posible error en la inversión por parte de la organización.

Es importante destacar que el marketing relacional asume que la relación comercial es beneficiosa para las partes y que, en ese punto, el cliente, como una unidad, por lo general tiene que evaluar la organización como su socio en los diversos beneficios relacionales que recibe y del conocimiento de los competidores. Después de todo, el cliente busca satisfacer sus necesidades y espera que el pago por sus inversiones realizadas para esta relación sea al menos cercano a lo que él ofrece. A cambio, la organización debe conocer la inversión que este cliente es capaz de hacer y lo que realmente lleva a cabo, de manera que, en este sentido, pueda haber reciprocidad. Es por eso que la sub-dimensión de la relación caracterizada como evaluación del cliente es el primer paso necesario para el proceso de CRM, según señalan los teóricos.

El otro objetivo específico de esta investigación - un análisis en el contexto bancario con el fin de verificar que el uso de los sistemas de CRM se asocia con un mejor conocimiento del cliente y de las interacciones anteriores - lleva a la conclusión de que el sistema del

Banco A es capaz de registrar los perfiles, los comportamientos y las interacciones con los clientes registrados. De esta forma, se encontró información variada como los ingresos, el volumen de negocios, los productos adquiridos y usados, planificación y visitas anteriores y entrevistas. El sistema es capaz de integrar todos los puntos de contacto con el cliente. Sin embargo, toda la información proporcionada por él se adquiere mediante la búsqueda y la obtención de productos por los clientes en el banco, lo que implica la falta de conocimiento de los clientes potenciales.

En conclusión acerca del propósito general de este caso - analizar cómo las aplicaciones de sistemas de CRM afectan a la iniciación, mantenimiento y finalización de las relaciones comerciales en un proveedor de servicios bancarios - se puede decir que el sistema de CRM utilizado por el banco estudiado se presta, básicamente, para la retención de clientes, ya que se implantó con la filosofía de enfocarse en la fidelización. Este paso se produce principalmente por la actividad de cross-selling y también incluye el histórico y el uso del conocimiento de las interacciones pasadas, la identificación de las necesidades actuales de los clientes, el conocimiento de los clientes actuales, la integración del sistema con todos los puntos de contacto con el cliente y las ofertas personalizadas a los clientes actuales.

En la fase de finalización de las relaciones, la implicación era débil, debido a dos razones. La principal era la política del banco de insistir en el mantenimiento de las relaciones con los clientes no rentables. La otra razón fueron las dificultades que rodean el proceso de finalización de la relación, eficaces sólo en caso de incumplimiento y fraude, que se identifican con la ayuda secundaria del sistema CRM. A su vez, en la fase de iniciación, la aplicación era totalmente inexistente, ya que, como se ha dicho, toda la información del cliente se adquiere a través de interacciones anteriores. Por otra parte, a pesar de tener información sobre la pérdida de clientes, el sistema no se utiliza para cualquier propósito en relación con la recuperación de clientes. Esto depende en gran medida de la actitud gerencial.

Además se presentan algunas implicaciones gerenciales. La primera es que propone tres visiones, no excluyentes, sobre el CRM: proceso, sistema y estrategia, como base para una mejor comprensión y aplicación del concepto. La segunda es que discrimina y orienta sobre un conjunto de sub-dimensiones - o actividades - que impregnan el proceso de CRM, dentro de cada etapa del ciclo de vida del cliente, para ser manejadas con el uso de la herramienta. La tercera es que muestra que la eficacia de la herramienta no es independiente de la cultura corporativa y de los procesos implementados. Por lo tanto, la simple implementación del CRM no determina su éxito o una rentabilidad futura para la empresa.

Los resultados de este estudio interesan a las empresas para una mejor comprensión y uso de la herramienta de CRM dentro del proceso de gestión de la relación con sus clientes y a la comunidad académica, ofreciendo nuevos descubrimientos acerca de las aplicaciones de CRM en las diferentes etapas de una relación, así como directrices para futuras investigaciones.

Es importante destacar que esta investigación trató, de manera exploratoria, de analizar las aplicaciones de los sistemas de CRM en las diferentes etapas del ciclo de vida del cliente. Por su naturaleza cualitativa, los resultados no conducen a una conclusión definitiva pero ofrecen una mejor comprensión del problema. Esto significa que sus resultados no pueden ser generalizados.

Antonio Villa Cali

# GESTIÓN DE LAS RELACIONES CON LOS CLIENTES

El Customer Relationship Management (CRM) configura una aplicación tecnológica orientada por la filosofía del Marketing Relacional. Promueve interactuar con los consumidores de mayor valor. A través de un estudio comparativo, basado en indicadores cualitativos, intentaremos dibujar aquí una relación entre la teoría y las prácticas de CRM. Se identificó en dos organizaciones de alta tecnología que, aunque los indicadores eran adecuados con las prácticas empresariales, su utilización y comprensión son guiadas por la naturaleza de los negocios y características de las empresas. Conceptualizar CRM como algo más que un sistema de software, una filosofía de empresa que utiliza la tecnología de la información (TI) como herramienta para promocionar relaciones más próximas a los deseos de los consumidores, es una realidad. Los resultados muestran que la estructura de tecnología, las herramientas de recogida y análisis de los datos y herramientas interactivas de ventas, favorecen el CRM. En las empresas de tecnología, la automatización de la fuerza de ventas se presenta como una herramienta de apoyo decisivo para el CRM. Los indicadores tecnológicos propuestos residen en cuatro grupos: Tecnología de la Información; Herramientas de información, donde se encuentran las bases de datos y el almacenamiento de datos depurados; Minería de datos; y finalmente, Automatización de la fuerza de ventas.

# INTRODUCCIÓN

En traducción libre, se puede conceptualizar Customer Relationship Management (CRM) como Gestión de las Relaciones con los Clientes. Se trata de un enfoque de gestión orientado a la identificación, la atracción y retención de clientes. Aboga por el aumento de las transacciones con los clientes de mayor valor, es decir, una orientación de marketing enfocada en mantener el valor. Asimismo, se entiende como la automatización y mejora de los procesos de negocio, asociados a la gestión de las relaciones con los clientes. Dependiendo de la dirección de búsqueda, puede ser una disciplina tanto del marketing como del área tecnológica. Para Dwyer, Schurr y Oh, por ejemplo, CRM es la extensión de las relaciones de intercambio que contribuyen a la diferenciación de productos y servicios, lo que puede proporcionar una ventaja competitiva. El objetivo de este tipo de aplicación se centra en programas de relacionamiento para ofrecer un alto nivel de satisfacción al cliente, mayor que el proporcionado por la competencia. En este sentido, "CRM es una estrategia de negocio; no sólo un simple software". Day menciona ser de gran importancia el mantenimiento de una base de clientes leales. Estos clientes representan una fuente de beneficios para la empresa.

Wilson, Daniel y McDonald presentan el CRM como un conjunto de procesos y tecnologías de apoyo a la planificación, ejecución y seguimiento de los consumidores, los distribuidores y las influencias de interacción en los canales de marketing. Destacando este criterio estratégico en primera instancia, Ragins y Greco alertan de la necesidad de construir una inteligente aplicación de tecnología como una manera de conseguir la efectividad de las prácticas de CRM. Winer eleva como un primer paso hacia una solución integral, la construcción de una base de datos de clientes ajustada a la organización. Iniciativas tecnológicas de CRM, dicen Croteau y Li, están basadas en sistemas de soporte de decisiones y fuentes de información integradas. Necesarimente, deben proporcionar una completa visión individual del cliente y de sus necesidades específicas.

Definida la esencia de lo que es CRM, su cara tecnológica se presentará a través de temas centrales, que constituyen los indicadores cualitativos utilizados en la parte empírica del estudio. Finalmente, la discusión de los resultados encontrados en la comparación entre empresas y consideraciones finales.

El objetivo de esta investigación es proporcionar una clasificación apropiada para los análisis comparativos entre aplicaciones que adoptan CRM. Para consolidar este objetivo, los indicadores tecnológicos serán generados y luego investigados empíricamente, siendo estos orientadores la Tecnología de la Información; las Herramientas de Información (bases de datos y de almacenamiento de datos); el proceso de Minería de Datos; y la etapa de la Automatización de la Fuerza de Ventas.

# CONSTRUCCIÓN CONCEPTUAL DE LOS INDICADORES TECNOLÓGICOS DE CRM

Los indicadores tecnológicos de CRM construidos se dividen en cuatro bloques conceptuales para el análisis empírico posterior. El primero destaca la visión global de la utilización de la tecnología de la información (TI). En la segunda caracterización, titulada Herramientas de información, se incorporó la recogida y almacenamiento de los datos de clientes, que abarca la base de datos (BD), Data Warehouse (DW) y respectivas definiciones.

Específico a los procesos de Minería de datos, representado por la aplicación de la herramienta de Data Mining (DM), fue diseñado el penúltimo indicador. Por último, el aspecto tecnológico de las ventas, en relación con el sistema de Sales Force Automation (SFA), que en este estudio se refiere específicamente al proceso de conversión de las ventas tradicionales en ventas electrónicas o automatizadas. Como primera elaboración conceptual, el indicador TI.

# *TECNOLOGÍA DE LA INFORMACIÓN*

La Tecnología de la Información (TI) es el concepto general que incorpora tecnologías utilizadas para crear, almacenar, intercambiar y utilizar la información en sus diversos formatos. Desde la perspectiva de marketing, dice Shoemaker, la TI es "el sistema nervioso que evoluciona las formas de organización de marketing". En CRM, la TI responde a los requisitos de informática del sistema, representados por el software y el hardware. Pedron postula que la estrategia de CRM está estrechamente relacionada con el avance de la TI y, por medio de esta herramienta, es posible conseguir la lealtad de los clientes. Resaltan Nogueira, Mazzon y Land que TI y sus respectivas automatizaciones "permiten la oferta de versiones individualizadas de productos y servicios para satisfacer al cliente a un precio asequible".

Bretzke advierte sobre la necesidad de en el momento de la definición y adopción del componente de software, guiar esta elección en relación con la naturaleza y el modelo relacional que la empresa pretende establecer con los clientes. Brown complementa afirmando que una "solución de CRM exige la adopción de nuevas tecnologías para lograr la transparencia y la visibilidad de la cadena de valor de los negocios y entre los negocios y sus clientes". Boon, Corbitt y Parker concluyen que la infraestructura de TI se describe generalmente como un conjunto de servicios, incluyendo la gestión de la comunicación, estandarización de gestión, seguridad, educación de TI, gestión de los servicios y aplicaciones, gestión y administración de datos, y la investigación y desarrollo de las TI.

Para Hansotia, la TI es "el elemento facilitador en la ejecución de la estrategia de CRM". Srivastava et al. corroboran y complementan diciendo que la maduración simultánea de TI de administración de datos, tales como Data Warehousing y análisis tecnológicas como Data Mining, pueden crear el ambiente ideal para hacer del CRM un esfuerzo sistemático. Kellen propone que "el software de CRM es en realidad un conjunto de aplicaciones para la gestión de datos sobre los clientes", donde "los canales habilitados de TI como Internet, permiten el diálogo one-to-one con los clientes actuales y potenciales, mediante negociación individual".

Finalizamos con Campbell, que indica que las empresas usuarias de TI la adoptaron "dirigida al uso de CRM en busca de bases de datos necesarias para la evaluación del status y de la rentabilidad de sus clientes". Estas bases de datos se refieren a los datos de los clientes, que pueden ser utilizados en bases de datos tradicionales o almacenes consolidados de datos como son las aplicaciones de Data Warehouse. La característica de estas herramientas se solidifica en la capacidad de generación de informaciones a través de los datos contenidos en el sistema, o incluso informaciones proporcionadas en tiempo casi real. Destacando estas herramientas de TI, como próxima etapa del fundamento teórico será presentado el indicador global de las herramientas de información.

# HERRAMIENTAS DE INFORMACIÓN

Con finalidad analítica, las herramientas de información serán conceptualizadas destacando tres grupos principales. Respectivamente, serán: Base de datos (BD), en la condición de instrumento transaccional;

los datos de los clientes, que permiten la inteligencia de la empresa en cuanto a los clientes, y; Data Warehouse (DW) en la función de almacenamiento de los datos ya consolidados como una especie de memoria de las transacciones de la compañía.

Una base de datos (BD) se entiende como un conjunto de datos ordenados y estructurados, que pueden ser utilizados. En este caso, de la empresa en transacción con clientes. Define la BD, Peppers y Rogers Group, como cualquier conjunto de información. Puede ser cualquier cosa, desde una simple lista de compras a un complejo conjunto de información de clientes. Apuntan Nogueira, Mazzon y Terra que "una buena gestión de los datos es esencial para la práctica del CRM". Es un tipo de proceso que nunca termina y que también está en constante evolución. Los clientes realizan transacciones a lo largo del tiempo y estas interacciones se registran y actualizan en la base de datos sistemáticamente. Pedron menciona, que la BD se utiliza en el análisis del comportamiento de los clientes y se realizan los procedimientos de verificación y clasificación en segmentos de mercado y del individuo en su grupo respectivo.

Missi, Alshawi e Irani mencionan que la calidad de los datos y de las herramientas de integración en la BD están diseñados para un funcionamiento interactivo y gestión de grandes volúmenes de distribución. Tales informaciones están desestructuradas y en diferentes taxonomías, permitiendo así combinaciones, diferentes acuerdos, bien como relatos con base en informaciones de diferentes fuentes. Esto puede proporcionar al operador CRM una visión unificada de la información. Según Dowling, el CRM dirigido por la base de datos presenta mejoras significativas en la identificación de los clientes rentables y alerta a la organización de los no rentables. Para Pedron, la estructuración de la BD, presenta cuatro grupos principales. Se refieren a los clientes actuales, clientes potenciales, clientes olvidados o perdidos y distribuidores o intermediarios (que proporcionan informaciones indirectas útiles con respecto a la preferencia de los consumidores). En estos subgrupos de la BD deben estar contenidas informaciones actualizadas de los clientes para que sean utilizadas en las iniciativas de CRM.

En cuanto a los Datos de los Clientes, en CRM es importante que estos sean fiables, así como actualizados y disponibles en tiempo hábil para su uso. El usuario de la solución de CRM, para realizar adecuadamente las acciones de marketing y ventas, necesita de datos fidedignos de los clientes. Para Nogueira, Mazzon y Terra es importante la eliminación de los problemas que puedan alcanzar la base de datos de CRM, como la redundancia y la duplicación por ejemplo. Es importante la atención a estos aspectos, ya que la gestión de datos en CRM debe ser una base sólida en el uso de nuevas técnicas para el análisis de datos. Capturar y registrar las respuestas dadas por los consumidores son las partes más críticas en el proceso de identificación y recopilación de datos pertinentes y fiables, ya sea con respecto a los clientes consolidados o prospects.

Para que los datos obtenidos sean de valor para la empresa, Pedron establece que el valor del proceso de las comunicaciones de marketing radica en el hecho de que es naturalmente circular, es decir, se recogen los datos de los clientes, se analizan y se almacenan. Con cada nueva interacción, los datos necesitan ser actualizados inmediatamente en la base de datos. Así, es posible conocer el resultado de las acciones de marketing y ajustar los demás planes con base en las respuestas de los clientes en tiempo hábil para que otros empleados de la empresa también puedan comprender al cliente con base en sus registros históricos de interacciones y transacciones con la empresa.

Según Bolton y Steffens, la capacidad de las organizaciones que emplean CRM para entender las preferencias y la privacidad de los clientes a lo largo de las transacciones, guía campañas y procesos a la centralización, planes de marketing, gestión de los datos de clientes y minimiza el riesgo de no saber el perfil de los clientes existentes o deseados. Según McKim, los datos ayudan en el descubrimiento de lo que se necesita para una comunicación efectiva con el cliente. CRM en este sentido significa una acción de marketing de tipo hight-touch y no sólo una acción de high-tech. El propósito de la utilización de los datos de clientes se centra en un mejor servicio y no sólo en la aplicación tecnológica. El uso de los datos presentes en la base de datos del cliente está directamente relacionado con la toma de decisiones estratégicas. Para Bretzke la estrategia de CRM es la posibilidad para una empresa de estar orientada a los clientes, proceso conducido por el uso de los datos de los clientes existentes, a través de la estructura de TI, permitiendo el logro de una ventaja competitiva sostenible. Como destaca Hansotia, el "CRM es esencialmente un esfuerzo intensivo con los datos de los clientes".

Missi, Alshawi e Irani dicen que "la esencia del sistema de CRM implica entender, controlar y optimizar los negocios y la gestión de los datos", y Campbell, de que los datos de los clientes sean utilizados de forma adecuada.

Ellos necesitan ser convertidos en informaciones, y estas integradas a los procesos de negocio. Hecho esto, se debe desarrollar el conocimiento del cliente. Los procesos internos de la empresa generan e integran las informaciones específicas del cliente, las cuales proporcionan a las empresas las condiciones ideales para el desarrollo de estrategias específicas de relacionamiento. Shoemaker dice que las interacciones entre clientes y transacciones en proceso proporcionan una gran cantidad de datos e información que deben ser transformadas en conocimiento del cliente. Los softwares de conocimiento de clientes ofrecen herramientas disponibles para los actores de marketing gestionar el proceso de la transformación de datos en conocimiento y así desarrollar la clasificación adecuada de los clientes.

Según Boon, Corbitt y Parker, los datos utilizados en la segmentación de clientes pueden incluir una serie de datos, por ejemplo, preferencias de compra y hábitos, ingresos, educación, status y tamaño de la familia, entre una serie de posibilidades en la disposición de datos. Wilson, Daniel y McDonald relatan que la segmentación puede ser vista como la simplificación del complejo desorden de tratar con un gran número de clientes individuales, cada uno con necesidades y deseos específicos y de diferente valor potencial. En otras palabras, la "segmentación de clientes es la división de la población total de los clientes en grupos más pequeños, llamados segmentos de clientes". Las empresas tienen que ser selectivas para correlacionar e integrar los datos en los programas y esfuerzo de marketing, mediante la realización de una construcción de informaciones adecuadas de clientes, desarrollando así programas de marketing individuales.

Por último, la elaboración conceptual de las herramientas informativas, Data Warehouse (DW), responsable de la provisión de información confiable para apoyar el proceso de toma de decisiones. La diferencia fundamental del DW para una BD es que en la BD los datos son concurrentes, es decir, en constante proceso de cambio. Ya en el DW, son almacenados datos consolidados, por lo general en representación de los ejercicios anuales u otros ciclos terminados.

Nogueira, Mazzon y Terra conceptualizan Data Warehouse como "el nombre genérico para la infra estructura de almacenamiento online de datos", que es utilizado en el almacenamiento de informaciones sobre clientes, tales como transacciones, llamadas telefónicas, compras, facturas, entre otras. Existe sincronía del DW con las bases de datos transaccionales, aunque los datos no se modifican directamente en el DW. Un aspecto importante es la necesidad de que los datos se transformen en informaciones, ya que son fundamentales para las prácticas de CRM. Data Warehouse es importante debido a su funcionalidad de almacenamiento de la información en una sola ubicación central, que se utiliza en la posterior construcción de la imagen del cliente. Es una herramienta que busca el mapeo y la comprensión del cliente, en la condición de centralizadora de la información, vinculado a los canales y a los departamentos de la organización, en especial puntos de contacto con los clientes, en el caso de las relaciones de ventas.

Data Warehouse tiene su razón de ser debido a la percepción de la necesidad de integrar los datos corporativos en un solo lugar de modo que sean accesibles a todos los usuarios que participan en los niveles de toma de decisiones de la empresa. Según Pedron, esta sistemática proporciona a la organización condiciones de saber quiénes son los clientes, sus preferencias, posibilidades de abandono con relación a la empresa, así como la capacidad de la empresa para satisfacer las necesidades y perfiles de las otras preferencias de estos clientes. El conocimiento del cliente, dice Swift, establece el almacenamiento de informaciones históricas en detalle y centradas en el cliente, lo que permite a la empresa ser ágil y sensible al mercado, lo que permite tomar decisiones de marketing sólidas, como la determinación de los puntos importantes que requieren asignación de recursos.

Para Brown, Data Warehouse consiste en un factor clave y permisivo a la personalización y la creación del entorno de marketing one-to-one, a través del cual es posible que la compañía aumente considerablemente la satisfacción de los clientes. Srivastava et al. dicen que la construcción del Data Warehouse es un paso esencial al CRM analítico y las fuentes de datos están diseñadas para su uso operacional. Day y Bulte argumentan que el CRM depende de la calidad y el desempeño organizacional en la extracción y en la gestión compartida de la información, que convertidas en conocimiento, se pueden utilizar en la atención de los consumidores. La conversión de las fuentes de datos en informaciones parte de los procesos analíticos realizados por la empresa, como es el caso de la 'Minería de Datos'.

# DATA MINING

Minería de datos o Data Mining (DM), es responsable de analizar la información en una base de datos, mediante el uso de herramientas que buscan tendencias o anomalías sin el conocimiento previo del significado de los datos. Es un proceso fundamental en las estrategias de CRM, especialmente en el comercio electrónico. Data Mining es en definitiva el proceso de extracción y vinculación de informaciones pertinentes, donde pueden ser mapeados los modelos de comportamiento de los clientes.

Nogueira, Mazzon y Terra dicen que DM es "un proceso para extraer y presentar un nuevo conocimiento, antes no detectable, seleccionado a partir de las bases de datos para la toma de las decisiones de acción". Angelo y Giangrande dicen que puede ser definido como una extracción de datos, cuando ejecutado en la base de datos, se obtienen informaciones útiles y no conocidas. Bretzke describe DM como una herramienta para identificar a los clientes más rentables o segmentos de clientes más importantes para la empresa. Las principales ventajas son la posibilidad de orientar con su uso el desarrollo de productos para los clientes; acortar la distancia del consumidor final; ofrecer productos y servicios con precios competitivos y; agregar valor adicional a los clientes a través de la segmentación y análisis de las diferentes clases de clientes.

La minería de datos establece una necesidad analítica. Su enfoque principal está volcado al conocimiento innovador, anteriormente inexistente o no disponible, utilizado con el fin de predecir el futuro y automatizar el análisis de los conjuntos de datos. Para Paas y Kuijlen, DM es "particularmente crucial para transformar los datos transaccionales almacenados en insights sobre las necesidades de los clientes".

Bolton y Steffens afirman que es necesario saber que datos de clientes capturados por la empresa están disponibles en los puntos de interacción entre la empresa y el cliente, lo que es necesario para proporcionar el tipo de tratamiento y servicio personalizado. Fletcher señala que en los sistemas de CRM, "las empresas recopilan y utilizan la información del cliente", con el fin de aumentar los márgenes de beneficio. Existe una relación directa entre el análisis de datos y el proceso de venta. Teniendo esta prerrogativa en evidencia, la etapa teórica termina con la automatización de ventas.

## LA AUTOMATIZACIÓN DE VENTAS

La definición propuesta por Peppers y Rogers Group, la Automatización de Ventas o Sales Force Automation (SFA), se refiere al software para automatizar la fuerza de los vendedores, incluyendo los procesos de gestión de contactos, la previsión, gestión de ventas y las ventas en grupo. Hansotia menciona que el foco principal del CRM en carácter operativo se concentra en la plataforma tecnológica de soporte a las interacciones con el cliente y la automatización de ventas. Dice Shoemaker que la mayoría de los proveedores de software de CRM tienen raíces en SFA. Se entiende en este contexto que el CRM está diseñado para aumentar las ventas y la funcionalidad de la gestión de los negocios. Las principales funciones del CRM dirigidas a la fuerza de ventas son la administración de contactos, localización de las cuentas, administración de las cuentas, entrada de pedidos, generación de propuestas, presentación complementaria, soporte técnico y proceso de ventas.

Uno de los principales trabajos sobre SFA, Speier y Venkatesh menciona que "las tecnologías de automatización de la fuerza de ventas están siendo cada vez más utilizadas en apoyo de las estrategias de CRM" y que sus herramientas se aplican a menudo para facilitar los procesos CRM, con raíces en la filosofía del Marketing Relacional. Por medio de la mejora de la velocidad y calidad del flujo de información entre los vendedores, los clientes y la empresa, las herramientas de SFA apoyan los procesos de negocio. Las herramientas para SFA varían en complejidad y grado para cada integración, relevando en cada caso la infraestructura organizacional y de TI existente.

Para Speier y Venkatesh, algunas características organizacionales pueden tener una influencia significativa en la implementación de TI, en consecuencia, impactando en la aceptación de la SFA. Según muestran los estudios generales, el personal de ventas responde bastante positivamente a las herramientas de SFA inmediatamente después del entrenamiento. Sin embargo, esta respuesta inicial se vuelve negativa después de períodos de uso de la herramienta más largos. Los procedimientos de calificación y capacitación, intensos en los principios de la adopción y abandonados más tarde pueden justificar esta pérdida de adhesión de los empleados a las ventas automatizadas. En opinión de Speier y Venkatesh, "las empresas deben evaluar de forma proactiva cómo las herramientas de SFA cambian el papel de los vendedores e identifican las capacidades de estos vendedores que son más apropiadas". Incluso por referencia de los autores, los vendedores pueden acreditar que su papel está amenazado porque los administradores tendrán acceso a las mismas informaciones de los clientes, lo que favorece el control. Las organizaciones deben ser conscientes de estas percepciones para tomar decisiones de carácter tecnológico para evitar diferencias entre los mandos medios y los vendedores.

Las herramientas de SFA pueden generar conflictos excesivos con el personal de ventas. Estos conflictos resultan en costes organizacionales importantes, posibles pérdidas económicas y de los empleados de mayor valor. Si los directivos responsables entienden y controlan el potencial de este conflicto, y lo gestionan adecuadamente, las empresas pueden tener mejores posibilidades de tener éxito mediante el uso de las alternativas de SFA.

Para Peppers & Rogers Group, el término automatización de la fuerza de ventas se ha utilizado ampliamente pero no hay consolidación definitiva de lo que constituye esta terminología. En este libro, la SFA se entiende como los procesos tecnológicos que están directamente asociados con los procesos de ventas, donde antes había personas en funciones mecanizadas a día de hoy. Los requisitos de la aplicación de estas herramientas tienen que evolucionar a partir de los procesos de venta existentes de la empresa. Cuando es adecuado, la SFA reduce la duración de los ciclos de los procesos relacionados con el cliente, la pérdida y mejora de las relaciones con los clientes, con vista a los principios de CRM. El vendedor no pierde importancia en el proceso transaccional y debe entender el sistema como gestor de las rutinas de funcionamiento de ventas. En este contexto, el vendedor se centra directamente en la interacción con el cliente, sobre todo cuando los procedimientos burocráticos de la venta son complejos.

Al utilizar el sistema de SFA, el vendedor puede atender al cliente de manera personalizada, con más calidad, teniendo acceso a la historia de la relación entre la empresa y el cliente. Según indica Anderson, en muchos contextos de marketing, el rol del vendedor es evaluar las necesidades del cliente, dirigir al mismo al producto o servicio adecuado, y luego negociar con él. Shoemaker dice que en muchas empresas "la fuerza de ventas es la base de las interacciones con los clientes". La integración de la tecnología con cada punto de contacto existente entre la empresa y el cliente fortalece la capacidad de la fuerza de ventas en el desarrollo de relaciones adecuadas con los clientes y proporciona respuestas más rápidas a sus demandas. Para Speier y Venkatesh, el personal de ventas es la principal fuente de intercambio de información en la relación entre el cliente y el vendedor y, por lo tanto, tiene una importancia crítica en la formación y la sostenibilidad de las relaciones con los clientes. Shoemaker afirma que el personal de ventas, crea conexiones con los clientes y entiende la importancia de preservar estas relaciones.

# *METODOLOGÍA DE LA INVESTIGACIÓN*

En este caso se utilizó un enfoque cualitativo que se llevó a cabo de una manera comparativa, muy cerca de lo que constituye el concepto de un caso de estudio. La atención se centra en el análisis del CRM en dos empresas de alta tecnología, que por criterios de preservación de sus nombres serán tratados por Empresa-1 y Empresa-2 La primera ópera en el segmento de la industria de la tecnología digital, centrada en productos de software y de hardware. Es una empresa multinacional, líder en el mercado de TI. Fue investigada una de las unidades de desarrollo de software. La otra empresa es líder nacional en su segmento, operando en los mercados de medios de comunicación y entretenimiento. La unidad de negocio investigada fue la matriz.

Se buscó en los preceptos de Yin la referencia a la conducción y la preparación del instrumento para la recolección y análisis de los resultados obtenidos en el campo de estudio. Zaltman dice que la metodología de la investigación requiere atención para el entorno y el tipo de fenómenos comunes, así como recomienda el apoyo de la literatura. Teniendo en cuenta los preceptos del autor, la primera etapa del estudio fue el desarrollo del marco teórico utilizado como referencia para la etapa de análisis de los datos obtenidos. Recomiendan Bruggen, Lilien y Kacker que se especifiquen los participantes y el procedimiento de recogida y análisis de sus contribuciones. Teniendo en cuenta estos preceptos, fueron identificados los ejecutivos gestores de CRM como informantes adecuados para el suministro de información de interés.

Aunque los resultados se consolidan por compañía, se entrevistó a tres personas en la construcción de los resultados de la Empresa-1 y a dos en la Empresa-2, seleccionados por criterios de indicación y de mérito. Para Boyd y Westfall, "la mayor parte de la información utilizada en la comercialización se obtiene a través de entrevistas", lo que también se observó. Se adoptó la técnica de entrevistas semi-estructuradas, con preguntas preparadas de acuerdo con elementos extraídos de la teoría. Las cinco entrevistas duraron aproximadamente una hora y se transcribieron relevando la labor de Bardin, en el análisis de contenido. Zaltman considera que "el lenguaje verbal juega un papel importante en la representación, almacenamiento y comunicación del pensamiento", por lo que la falta de datos secundarios relevantes al estudio no restringió la posibilidad de análisis y elaboración de resultados que representan casos específicos de las organizaciones comparadas.

En cuanto al proceso de validación del guión de las entrevistas, Malhotra dice que es una alternativa adecuada para ampliar la credibilidad de los resultados. Después de pequeños ajustes en las cuestiones, el guión fue aprobado. Las entrevistas fueron hechas por el investigador directamente a los entrevistados. Con el consentimiento de los entrevistados fueron registradas en su totalidad desde la lectura de las instrucciones hasta el cierre de las observaciones mencionadas por los entrevistados al final de la entrevista formal. Es importante destacar que la ponderación final del entrevistador fue pedir a los entrevistados que expresaran y proporcionaran información adicional más allá de la ya mencionada en el transcurso de la entrevista. Esta solicitud de cierre era pertinente, ya que todos los encuestados cooperaron en detallar sus explicaciones sobre los indicadores utilizados.

Los resultados fueron concebidos a través de la comparación entre empresas, orientados por el soporte teórico. El paralelo entre empresas y teoría establece una técnica de análisis nomológico, que para Bunn es "el último paso en el desarrollo de medidas". Se trata de concebir cuestiones con base en estudios teóricos y empíricos, y usar las directrices teóricas para el procesamiento de los resultados. Presentados los procedimientos de investigación, especialmente los procesos de análisis nomológico y del análisis de contenido se llegaron a los resultados analizados a continuación.

Entre las preguntas utilizadas en la realización de entrevistas, se destacan las siguientes: Cuando se habla de CRM desde un punto de vista tecnológico, ¿qué variables involucradas en el proceso son importantes? ¿Qué tecnologías se adoptan antes de las transacciones con los clientes? ¿Cómo la empresa encara y conceptualiza la Tecnología de la Información (TI) en términos de prestación de soluciones de CRM? ¿Hay parámetros que miden la interacción? ¿Cómo una base de datos, en la visión de la empresa, puede ser utilizada para obtener diferentes composiciones de información de los clientes? ¿La base de datos desarrollada está alineada con la perspectiva y otros aspectos estratégicos de la organización que la utiliza? ¿Cómo manejar Data Warehouse en proyectos de CRM de la empresa? ¿Este conjunto de informaciones estructuradas se puede utilizar en la toma fiable de decisiones? ¿La estructura de almacenamiento desarrollada cumple con los requisitos de este concepto, que compete para el almacenamiento y la entrega en tiempo adecuado de la información para la toma de decisiones? ¿La extracción y cruce de la información se produce a través del proceso de Data Mining? ¿Cuan importante es en el desarrollo de la aplicación proporcionada por la empresa y cómo este proyecto es percibido en las acciones de CRM? ¿Cómo acredita la empresa que es esta misma visión desde el punto de vista del cliente-usuario? ¿A través de las soluciones aportadas puede realizar el cruce de diferentes datos y trazar estimaciones? ¿La empresa proporciona asistencia para la automatización de la fuerza de ventas? ¿Cómo es desempeñado este proceso en las soluciones ofrecidas/adquiridas? ¿Cómo responde la fuerza de ventas del cliente-usuario ante la aplicación? ¿En este proceso se produce un aumento de la calidad y la integración entre la empresa y el cliente?

# DISCUSIÓN DE LOS RESULTADOS

En cuanto al indicador de la tecnología de la información, la teoría incorpora todo lo que se utiliza para crear, almacenar, intercambiar y utilizar la información en sus diferentes formas, pudiendo ser software o hardware. En CRM, la tecnología de la información está relacionada con los aspectos de soporte al Marketing Relacional, teniendo como punto central la interacción personalizada con los clientes. La tecnología de la información por la amplitud tecnológica del CRM.

En la Empresa-1, fue referenciado como primer paso en las aplicaciones de TI para clientes, satisfacer adecuadamente sus necesidades. No dejaron de ser referenciados elementos técnicos, por ejemplo, el lenguaje de programación, los recursos tecnológicos deseados por el cliente, la capacidad y los costes de implantación y mantenimiento del sistema de CRM. Se mide la tecnología en la organización por el grado de adecuación de la solución aportada para dar servicio a los deseos del cliente. Específicamente en relación con las vivencias de TI y soluciones de CRM, los elementos del sistema de CRM están orientados al software y no al equipo. Cualquier retorno de información del cliente, sea cual sea el grado de importancia, es responsabilidad de la administración y requiere acción. En palabras de uno de los entrevistados, este enfoque es claro: "Si el cliente no está satisfecho, aunque no esté de acuerdo, estoy obligado a tomar medidas". Se constató que el software es adecuado para el negocio, y no al revés, además de ser más orientado a los procesos de venta de tecnología. Hay aspectos técnicos que maximizan la operatividad del sistema. El software de CRM se desarrolló sobre la demanda, teniendo referencia en las reglas de negocio y las necesidades de la empresa.

En el panorama de la Empresa-2 se mencionó que una solución de CRM requiere una estructura lo suficientemente robusta como para proporcionar servicios adecuados a los clientes. El sistema de CRM, como en la Empresa-1, fue completamente desarrollado, y en cuanto a la posibilidad de utilizar herramientas disponibles en el mercado, los entrevistados informaron que fue una alternativa analizada que se mostró insuficiente. El sistema desarrollado resultó en una ventaja competitiva para la Empresa-2 frente a sus competidores directos. No hay medida cuantificada de los resultados de TI utilizada, sólo percepciones de mejoras. El sistema de CRM de la organización fue diseñado con el fin de crear oportunidades para los clientes de un diferencial que los competidores no puedan borrar o copiar.

Las herramientas de información se distribuyen en tres conceptos relacionados. Respectivamente, Base de datos, los Datos de Clientes y Data Warehouse. La base de datos es esencial en la segmentación del mercado, para que la organización pueda llevar a cabo acciones de marketing por diferentes combinaciones en los datos de los clientes. Todavía, la buena gestión de datos es esencial para que una iniciativa de CRM sea alcanzada. Para Campbell, los datos de clientes deben transformarse en información y esta utilizada en CRM. Por lo tanto, la calidad de los datos es fundamental, siendo prohibitivas redundancias y duplicidades. Data Warehouse es la infraestructura utilizada en el almacenamiento de datos e información detallada de los clientes. Nada más es un repositorio único, depurado, consolidado y consistente, responsable de proporcionar información fiable.

Se entiende en la Empresa-1, que una aplicación de BD es la comprensión más cercana de los individuos que trabajan con software y respectivamente programación. La visión de la empresa con relación a la BD entiende la herramienta como una aplicación utilizada en el almacenamiento de datos comerciales. Según los entrevistados, la BD está alineada con las estrategias de la empresa. Los históricos completos contenidos en la base de datos se pueden utilizar. Es posible comprobar los clientes con más propuestas de compra, volumen de transacciones por cliente, cuales son los más rentables, etc. El sistema de CRM se utiliza en las relaciones de ventas. Entienden los entrevistados que la solución de BD podría utilizarse más plenamente que en la actualidad. En cuanto a la agrupación de datos y actualización en tiempo real, la respuesta fue positiva. Los datos introducidos en el sistema permanecen almacenados, siendo las únicas alteraciones las referidas a las transacciones actuales. No hay ningún cambio en los datos de la transacción anterior. La reagrupación de los datos proporciona un uso completo e inmediato de las historias de los clientes. El DW para un entrevistado caracteriza "el motor del negocio" por contener información consolidada sobre las transacciones comerciales y la interacción con los clientes. Este módulo de TI proporciona información gráfica, que se utiliza para apoyar la toma de decisiones y la preparación de acciones de CRM.

La Empresa-2 incorpora en su BD aspectos operacionales, elaboraciones de las entregas de suministros y otras necesidades, además de los datos de los clientes de compras, datos de inversión, demandas y posibilidades de relación. La principal composición de datos (la más utilizada), es el histórico de clientes. A través de este se pueden construir acciones de CRM de acuerdo con los requisitos de la filosofía relacional. En cuanto a los datos, se presentan pequeñas inconsistencias. Existe la categorización de datos de clientes por diferentes criterios, por ejemplo los ingresos y asiduidad. Los datos obtenidos se convierten en informaciones (utilizadas en CRM), diferenciando y segmentando clientes. La aplicación de DW existe, aunque no se entiende cómo la teoría presentada.

Se evidenció en la Empresa-2 la no utilización de los conceptos y términos técnicos generalmente entregados por académicos y profesionales de TI. La aplicación permite la toma de decisiones de forma fiable y en tiempo hábil.

La minería de datos es una práctica dirigida a la atención de los clientes deseados en las campañas de marketing. Es una acción analítica. La define Peppers & Rogers Group como la práctica que permite el análisis de datos agrupados en bases de datos. Se utiliza la información recopilada para satisfacer mejor las necesidades de los clientes y permite la identificación del perfil de los clientes potenciales. En resumen, es una herramienta que permite identificar a los clientes o segmentos de clientes de interés para la organización.

Los miembros de la Empresa-1 mencionan que las bases de datos existentes en la empresa están habilitadas a las prácticas de minería de datos. Lo esencial, que es la concentración de datos consolidados, es parte de lo cotidiano del sistema de información de la empresa. Los empleados entrevistados entienden la minería de datos como una alternativa importante que permite la calificación de los servicios prestados ante los clientes. Sin embargo, entienden que una completa minería de datos requiere más de lo que el sistema actual puede ofrecer. Los clientes existentes se analizan correctamente, sin embargo, la aplicación de minería de datos en la prospección de clientes potenciales es una práctica que no se utiliza hoy en día.

En el caso de la Empresa-2, las mismas percepciones sobre el uso de la minería de datos se expresaron. Pero a diferencia de la otra organización, la minería de datos en la Empresa-2 se utiliza no sólo en el análisis de los clientes existentes, siendo una práctica en la búsqueda de nuevos clientes. Como hizo referencia uno de los entrevistados, prácticas de minería se utilizan en la identificación de los clientes objetivo, los targets. Pero, en las palabras del gestor, queda evidente el entendimiento limitado de las operaciones "es una práctica común pero no lo sé detallar".

Una definición importante de la Automatización de Ventas es

presentada por Speier y Venkatesh, que la relaciona como una acción de ventas con base en TI alineada a los preceptos del Marketing Relacional, puestos en práctica a través de la aplicación de las estrategias de CRM. Se trata de una plataforma tecnológica de interacción y de ventas a los clientes. Speier y Venkatesh dicen que SFA puede crear conflictos con la fuerza de ventas. Aunque la TI de SFA no sea utilizada plenamente en las empresas investigadas, los conflictos mencionados en la teoría no fueron detectados en la conducción de la investigación.

El sistema de ventas SFA de la Empresa-1, en palabras de uno de los gerentes entrevistados, confirma que "la venta es automatizada", lo que no deja ninguna duda de la existencia del uso de SFA. Los empleados ven esta aplicación como un beneficio, y a pesar de los cambios de postura, reciben comisión de venta, lo que tal vez explica que no haya ninguna resistencia por parte de los empleados. El sistema, como se espera, ofrece un servicio rápido y eficiente, generando resultados positivos para la organización. Los vendedores fueron divididos en acciones más importantes y relacionales en las ventas, dejando el aspecto burocrático al sistema automatizado. En esta empresa, la herramienta de SFA es una aplicación con base en la web, y los vendedores que trabajan en cuestiones interactivas y en apoyo. Esta aplicación de SFA aumentó la calidad de los servicios prestados a los clientes, siendo percibida como "una herramienta que mejora el trabajo" utilizada en las prácticas de CRM operacional.

El SFA de la Empresa-2 está relacionado con el aspecto relacional del sistema, así como la otra organización se centraba solamente en las ventas. A pesar de la interfaz electrónica, también los procesos transaccionales de la empresa, como los contactos de la negociación, son más intensos en relación al resultado de la otra organización estudiada. Se entiende el SFA como un canal de relación abierto, que se utiliza en acciones de CRM. Después de la adopción del sistema de SFA, la comunicación con los clientes de la organización fue mejorada y ampliada, así como las informaciones generales del negocio comenzaron a fluir mejor y de manera organizada. La posibilidad de acceder a los datos en diferentes puntos de contacto con los clientes fue una de las mejoras más destacadas durante las entrevistas, lo que resultaba en la deseada expansión de la calidad operacional y de la atención al cliente. Automatizar el proceso de ventas favoreció el CRM de la empresa. En el caso de la Empresa-2, la interactividad con los clientes resulta mucho más de lo que se percibe en la Empresa-1, que ha delegado la mayor parte de las relaciones al soporte.

Presentando los resultados distribuidos por indicadores, respectivamente trayendo la síntesis conceptual y los casos de las Empresas 1 y 2, se entiende como esencial el resumen de los resultados y las implicaciones de las diferencias detectadas.

Como último paso de esta investigación, tenemos las consideraciones finales, desarrolladas en base a los resultados hasta el momento presentados.

# CONSIDERACIONES FINALES

En las empresas investigadas, en análisis global, los indicadores construidos se mostraron relevantes en sus respectivas aplicaciones de CRM. La comprensión de la tecnología de la información de las empresas corrobora la teoría, aunque hay diferencias en los contextos analizados. Se esperaba que las TI fueran identicas en ambos casos, debido a que es un requisito esencial para todos los tipos de tecnología de la información, lo que también ocurre en el CRM. En el caso de la Empresa-1, la TI está dirigida a satisfacer las necesidades de los clientes. Más allá del aspecto utilitario, se observaron preceptos técnicos en la construcción del CRM. La medición de la eficacia del CRM, a pesar de no ser puestos a disposición los indicadores, se basa en la adecuación del sistema a la atención de los clientes. Acciones correctivas o para identificar la insatisfacción del cliente es una práctica habitual. El foco central del sistema de CRM se centra en las ventas.

Al igual que en el primer caso, la Empresa-2 también trabaja con un CRM desarrollado y no con paquetes de software que se ofrecen en el mercado. El CRM se identifica como adecuado para el elemento estructural de la empresa y como en el primer caso, hay una venta con soporte tecnológico. A diferencia de la Empresa-1, la Empresa-2 identificó explícitamente ventaja competitiva y atribuyó al CRM el diferencial prestado a los clientes. Curiosamente, en el caso 2, no hay medida cuantificada, solamente se registraron las percepciones de mejora.

Los datos, sin tener en cuenta los tipos de soluciones que se utilizan, son la esencia en la generación de información y posterior inteligencia, en la atención especializada a los clientes. En el caso 1, las herramientas de datos se asignan al personal técnico, lo que sorprende ya que las expectativas teóricas consisten en el uso en todos los puntos de contacto con el cliente. En la Empresa-2, la orientación está más cerca de lo que predican las teorías de CRM. En ambas, los históricos del cliente se utilizan en las prácticas de relacionamiento, en particular con respecto a los procesos de ventas y acciones marketing. En la Empresa-2, la nomenclatura de las operaciones con datos no se corresponde con las características técnicas, lo que implica eventuales malentendidos. Ambas empresas atribuyen al Data Warehouse una importancia en la toma de decisiones, entendiendo que esta herramienta permite la fiabilidad de los datos.

El acto de la minería de datos es ampliamente reconocido en carácter analítico de CRM. Además de ser utilizada la minería de datos en el entendimiento y eliminación de las necesidades de los clientes y en las prácticas de segmentación, se pueden utilizar en los análisis posteriores, tales como la identificación del perfil de los clientes potenciales.

En la situación 1, los datos existentes son suficientes para la minería, sin embargo, los sistemas para esta práctica no son compatibles con prospecciones predictivas. Se realizan análisis en los datos de los clientes existentes pero la prospección de clientes potenciales no es una práctica común.

Por otro lado, en la Empresa-2, se llevan a cabo predicciones, a pesar de que los entrevistados no logran explicar cómo se producen estos procesos. Para el CRM analítico, el trabajo con los datos de predicción es tan importante como el análisis de los datos existentes. Las empresas que utilizan ambas posibilidades tienen ventaja analítica y tecnológica ante las que hacen utilización parcial o no trabajan con el análisis de datos. Los datos no analizados difícilmente proporcionan información pertinente.

Concluyendo el análisis, la automatización de la fuerza de ventas, requiere la alineación con las filosofías de marketing relacional para que se produzca un CRM eficaz. En teoría, la fuerza de ventas puede verse afectada negativamente por este tipo de tecnología, pero el estudio proporciona subsidios para la conclusión de que no es automatizar, sino saber automatizar correctamente lo que causa conflictos con los empleados. La Empresa-1 usa ventas automatizadas y una de las formas encontradas para evitar conflictos fue trabajar con comisiones de venta, proporcionadas con base en el apoyo y soporte de los vendedores en las funciones de relación, y no en las operaciones de negocios triviales. En este caso, la automatización es una solución operacional de cuestiones burocráticas.

En el segundo escenario, la Empresa-2 atiende mejor a los principios relacionales en los sistemas. También se identificó una interacción más intensa con los clientes, donde la automatización de ventas es más que un soporte operativo, es un fuerte canal para acciones de CRM.

Como evidencia la Empresa 2, la interactividad con los clientes a través de las tecnologías disponibles hacen un sistema de CRM superior a los demás. Cuanto más potente, adecuado a los negocios y exploradas las tecnologías en la comprensión y la predicción de los clientes actuales y potenciales, mejores serán los resultados de las iniciativas de relación basadas en CRM. La tecnología alineada al negocio es la combinación ideal en CRM analítico.

# DATOS DE CLIENTES EN EL CRM

Para que las acciones de Customer Relationship Management (CRM) sean eficaces, no es suficiente con el desarrollo de tecnologías innovadoras. Es necesario que estas herramientas sean alimentadas con datos relevantes. Además, de que sean correctos y lo más completos posible. Se requiere la fidelidad de los datos del cliente, para que las acciones de marketing relacional a través de soluciones de CRM sean las adecuadas. Hemos dividido este capítulo en dos partes. En la primera se desarrolló el panorama teórico. En la siguiente, se realizaron los análisis empíricos a través del caso de estudio sobre la relación entre las empresas usuarias y los desarrolladores de CRM. Al igual que en el caso tratado en el capítulo anterior, se realizaron entrevistas semiestructuradas con los directores responsables de las respectivas empresas, con las que se obtuvieron subsidios que apoyan la importancia del uso adecuado de los datos de los clientes, así como la importancia de la comprensión y la comunicación entre las empresas durante el desarrollo de una herramienta de CRM. Más de una referencia técnica, el desarrollo de perfiles de clientes en base a los datos recogidos por la empresa, permite acciones de relaciones más próximas a los deseos de los clientes y acciones de marketing adecuadamente dirigidas al segmento de mercado objetivo.

## INTRODUCCIÓN

Como menciona el artículo clásico de Dwyer, Schurr y Oh el alcance de las relaciones de intercambio contribuye a la diferenciación de los productos y servicios de la empresa, proporcionado las barreras a las sustituciones que en muchos casos pueden resultar en una ventaja competitiva. Desde esta perspectiva, se encuentra que el marketing, como un compuesto de conocimientos, se concibe por la comprensión de los puntos de relación entre los proveedores de servicios y los clientes. La retención de clientes, entonces, tiene una serie de ventajas tales como los bajos esfuerzos para los clientes que regresan y los efectos positivos sobre los resultados financieros y la creación de los conocidos devotos a la organización, que positivamente la divulgan. Se entiende que el cliente ya conquistado y que realmente añade valor a la organización, debe ser el centro de la excelencia en el servicio, ya que mantener un cliente es ciertamente más barato que la prospección de nuevos clientes. Los esfuerzos de marketing en retención son significativamente más eficaces que la identificación de nuevos segmentos de clientes a ser conquistados.

Para Verhoef, "las empresas pueden utilizar las mismas estrategias tanto para la retención de clientes como para el desarrollo de su segmentación", lo que ofrece la adopción de un concepto que incorpora todos estos aspectos en el trato con los clientes. Este es el propósito de este estudio, que trae el CRM como una extensión de Marketing Relacional con soporte tecnológico. Dice Winer que "el servicio al cliente necesita recibir el estatus de alta prioridad en el entorno de la organización". Esta es la esencia del CRM, compuesto por una compleja relación entre el marketing y la tecnología, teniendo en mente el trato adecuado con los clientes, especialmente aquellos que generan un mayor valor a la empresa.

El primer concepto a ser explorado es el marketing relacional.

El Marketing Relacional para Berry es relativo a la atracción, el mantenimiento y la mejora de las relaciones con los clientes. El foco en la relación con los clientes se debe a que "la elevación de la orientación para el cliente desemboca en programas de    marketing más significativos". Sólo las organizaciones que construyen relaciones fuertes y positivas con los clientes tienen el potencial de generar algún tipo ventaja competitiva sostenible permitiendo a la compañía superar a la competencia.

Mantener una base de clientes rentables y leales es la base del Marketing Relacional y no es nada más que un conjunto de prácticas de marketing "para que los clientes continúen como clientes". Las acciones de CRM son compatibles con la filosofía del Marketing Relacional y, según Sheth y Parvatiyar, se ocupan de la comprensión de los clientes, sobre todo acerca de sus comportamientos y deseos de compra. Rowe y Barnes argumentan que existe una ventaja competitiva cuando la organización explora estrategias que crean valor para los clientes, no desarrolladas por los competidores o los competidores potenciales, y que el cliente entiende cómo una relación de intercambio justo. Cuando la empresa trabaja para escuchar y responder a las demandas de los clientes y para interactuar más de cerca, compartiendo información, la tendencia es que la empresa ofrezca productos y servicios también más significativos por programas igualmente significativos. Estos preceptos relacionales son la base formativa del CRM.

Customer Relationship Management (CRM) es la "gestión de las relaciones con los clientes". Se define como un enfoque de gestión orientado a la identificación, la atracción y retención de clientes. El objetivo es una mayor rentabilidad para la empresa mediante acciones de identificación y aumento en las transacciones con los clientes de mayor valor, en las que estos se dan cuenta de que hay justicia interaccional en las relaciones. El CRM se centra en la automatización y mejora de los procesos de negocio asociados a la gestión de las relaciones con los clientes en ventas, servicio y soporte. En este sentido, Lin y Su definen CRM como "la clave de la competencia estratégica necesaria para mantener el foco en las necesidades de los clientes". Es una herramienta relacional.

Wilson, Daniel y McDonald lo presentan como un conjunto de procesos y tecnologías que apoyan la planificación, ejecución y seguimiento de los consumidores. Para Dwyer, Schurr y Oh la extensión de las relaciones contribuye a la diferenciación de productos y servicios.

Es destacado por Berry que se requieren buenos servicios para que se produzca la retención de clientes. Como presenta Winer, el objetivo general de los programas de relación es entregar satisfacción al cliente, superando a la competencia. Aún, Winer dice que "el servicio al cliente necesita recibir el estatus de alta prioridad en el entorno de la organización". Croteau y Li informan de que muchas organizaciones reconocen la importancia de centrar el negocio en la estrategia de orientación al cliente, lo que requiere la incorporación de la base de conocimiento de los mismos. O'Malley y Mitussis advierten que, en ausencia de la cultura centrada en Marketing Relacional, no se entienden los procesos de CRM. El uso de CRM no es una solución de cuño exclusivamente tecnológico, sino más bien relacional. El "CRM es una estrategia de negocio; no sólo un aparato de software".

Verhoef confirma que "el compromiso afectivo es un antecedente de la retención de clientes y del desarrollo de la segmentación", ilustrando el enfoque en los clientes. Estratégicamente, CRM puede vislumbrarse como la pretensión de obtener una ventaja competitiva a través de la conquista de los clientes. Para Rust et al., "una base de datos de clientes puede ser utilizada por la compañía para el desarrollo de modelos de secuencia de compras que permitan la identificación de que clientes son compradores de qué productos y cuando".

Así a lo largo de este texto trataremos de dar respuesta a la siguiente pregunta: ¿Cuál es la relevancia de la gestión de datos de los clientes en relación con la creación de soluciones de software entre una empresa de desarrollo y otra consumidora del sistema de CRM?

El objetivo del estudio es entender mejor cómo se desarrolla una solución de relación con los clientes en una relación Business-to-Business (B2B), a través de la implementación de un sistema de CRM, así que se llevó a cabo un análisis empírico cualitativo que captura la relación entre la compañía de desarrollo de CRM y su cliente y usuario de la solución.

Se presenta una discusión conceptual sobre el uso de los datos del cliente, seguida del método de investigación. En la etapa empírica, se analizaron dos empresas, 'Alpha', proveedora de soluciones de CRM, y 'Beta', usuaria del software desarrollado por la primera.

## CARACTERIZACIÓN DE LOS DATOS DE LOS CLIENTES

El criterio principal sobre los datos del cliente es la fiabilidad, uno de los requisitos más importantes para que las acciones de relación sean factibles. Recuerdan Nogueira, Mazzon y Terra que es muy importante eliminar los problemas que podrían distorsionar el perfil y hábitos de los clientes, por ejemplo, trastornos tales como la redundancia y duplicidades. Pedron recuerda que los datos almacenados sobre los clientes de una organización pueden proporcionar ventajas, tales como la accesibilidad a los clientes, la medición de las operaciones realizadas y, sobre todo, la posibilidad de delimitar segmentos y clientes individuales para proporcionar la solución de negocios que mejor se adapta a sus necesidades, deseos y aspiraciones. La captura y registro de las respuestas dadas por los consumidores son fundamentales en la identificación y recolección de datos de los clientes y, también, en la exploración de clientes potenciales que aún no interactúan con la organización.

Para que los datos obtenidos en el contacto con los clientes sean de valor, Pedron afirma que "el valor real del proceso de las comunicaciones integradas de marketing reside en el hecho de que es naturalmente circular, en donde los datos del cliente son recogidos, analizados, almacenados y con cada interacción con el cliente, nuevamente actualizados".

Se deben revelar más de los supuestos antes mencionados, Nogueira, Mazzon y Terra, incorporando la atención a factores críticos como la seguridad, la garantía de la integridad y la privacidad. La combinación adecuada de estos elementos promueve el CRM de calidad. A los requisitos ya mencionados, Churchill y Peter añaden la cuestión ética que conforma el conjunto de principios y valores morales que abogan las conductas del individuo o grupo de individuos, y guía las actividades a los preceptos morales de una sociedad. Pedron señala la dificultad de mantener la privacidad de los datos debido a la facilidad con la que las tecnologías de información proporcionan recolección, procesamiento, transmisión y almacenamiento de datos, sobre todo cuando se unen tecnologías de comunicación e Internet.

Para su uso en el marketing, a través de la utilización de los sistemas de CRM, los datos de los clientes deben ser almacenados y restringidos a las bases de datos, con el consentimiento de los clientes, conscientes del uso limitado de los mismos en la prestación de beneficios u ofertas específicas de la empresa con la que se relacionan. Este aspecto se ve reforzado cuando se analizan las prácticas de venta de bases de datos que muchas organizaciones llevan a cabo de manera no consentida, exponiendo a los clientes y delegando información no permitida a terceros.

Según Bolton y Steffens, la capacidad de la empresa para entender la privacidad y las preferencias de los clientes a lo largo de las transacciones realizadas guía las campañas y procesos de marketing. Bajo este punto de vista, dice McKim, los datos ayudan en el descubrimiento de lo que se necesita para una comunicación efectiva con el cliente. CRM es una iniciativa de marketing destinada a conectar con los clientes, desarrollada a través del soporte tecnológico que permite, incluso en las grandes corporaciones con grandes carteras de clientes, la proyección de campañas y ofertas consistentes a cada categoría o segmento almacenado. Para Bretzke, la estrategia de CRM permite a la empresa orientarse a los clientes a través de la utilización de los datos existentes en los sistemas de información, por lo que es posible obtener una ventaja competitiva sostenible. Existe la importancia de capturar datos de los clientes en todos los puntos de contacto de la empresa, por ejemplo, en sistemas de call center, presupuestos, ventas directas o por Web, etc. Los múltiples puntos de relación con el cliente favorecen la construcción de perfiles e históricos de clientes más próximos a la realidad con sus muchos contactos con la empresa. Estos datos, después de ser agrupados en bases de datos, deben analizarse en su totalidad, categorizados y dirigidos a los diversos puntos de contacto con los clientes, donde la información se utilizará para mejorar la interacción entre la empresa y el cliente. Hansotia señala que "CRM es esencialmente un esfuerzo intensivo con los datos del cliente".

En el centro del CRM está la habilidad organizacional de nivelar datos para diseñar e implementar estrategias centradas en los clientes. Missi, Alshawi y Irani corroboran con esta afirmación, ya que para ellos "la esencia del sistema de CRM implica entender, controlar y optimizar el negocio y la gestión de datos" de los clientes. Campbell dice que para que los datos del cliente sean utilizados correctamente se deben transformar en información de clientes y ser integrados en el proceso de marketing.

Los procesos de la empresa generan e integran la información específica del cliente, que proporcionan las condiciones para el uso de CRM. Shoemaker dice que las interacciones con el cliente son el punto de recogida y uso de datos e información, que deben sistemáticamente componer el conocimiento del cliente. Los softwares de conocimiento de clientes ofrecen herramientas tecnológicas para segmentarlos e interactuar con base en contactos previos, en los que se estipulan los comportamientos esperados y predicciones de negocio futuras.

La diferenciación de clientes es fundamental para las estrategias de CRM. Según Ferreira y Sganzerlla, la diferenciación y la categorización de los clientes representan las oportunidades de mayores ingresos para la empresa. La preferencia inmediata de las iniciativas de CRM está dirigida a los clientes de alto valor porque son ellos los que sostienen la actividad empresarial.

Boon, Corbitt y Parker, traen otra implicación en relación con los datos del cliente. Los autores argumentan la importancia de clasificar los datos por categoría, por ejemplo, valor del cliente, y también revelar otras características individuales como preferencias, hábitos, ingresos, educación, clase o grupo social, constitución de la familia, etc. Del mismo modo, Papatla, Zahedi y Zekic-Susac afirman que "el modelado del comportamiento y de las selecciones de los clientes son características comunes en muchas aplicaciones de data mining (en general) y en CRM (en particular)".

Se trata de la utilización imprescindible de los datos de los clientes para que un CRM alcance el objetivo de maximización de las transacciones, diferenciación de los clientes y obtención de los mejores rendimientos a cambio de servicios justos y que aumentan la satisfacción de los compradores. Wilson, Daniel y McDonald relatan que la segmentación puede ser vista como la simplificación de la cartera de clientes individuales, separándolos en grupos basados en similitudes y comportamientos. Según Srivastava et al., la "segmentación de clientes es la división de la población total de clientes en grupos más pequeños", usando criterios que los agrupan en diferentes perfiles. Parvatiyar y Sheth advierten que la empresa tiene que ser selectivo en la correlación e integrar la información de marketing a través de una selección y distribución de clientes adecuada, personalizando ofertas correctamente.

Sobre la base de la construcción teórica desarrollada, fueron definidos los criterios pertinentes para la investigación en las empresas. Se desarrolló el estudio sobre la relación entre dos empresas, caracterizando el tipo de negocio como una relación de Business-to-Business (B2B). Las preguntas desarrolladas fueron guiadas por los preceptos siguientes relevados sobre los datos de los clientes:

• Obligatoriedad de la fidelidad de los datos de clientes en acciones de CRM;
• Operaciones de CRM efectivas son relacionales y de información;
• La privacidad y ética con los datos de clientes es un compromiso indispensable;
• La calidad en los datos de clientes debe proporcionar la toma de decisiones.
• Los datos permiten, necesariamente, decisiones estratégicas en el CRM;
• Diferenciación y categorización de los clientes son prácticas esenciales.

Los principios que guiaron la etapa empírica del estudio son los seis citados arriba. A través de estos postulados, se analizaron las relaciones comerciales entre una empresa de desarrollo y una usuaria de CRM. Otros conceptos importantes se incluyen en esta caracterización de filosofía/herramienta de CRM, como las diferentes caras de aplicación. Básicamente, el CRM se puede subdividir en CRM Operacional y CRM Analítico. Según define Bampi, Eberle y Barcellos, el CRM operacional es la primera etapa en el diseño de un sistema de relación con los clientes. En esta etapa, la atención se centra en las relaciones, específicamente en la construcción de relaciones basadas en la eficiencia y eficacia operacional, este paso coincide con los procesos de implementación de algunas herramientas de contacto, por ejemplo, Call Center y Sales Force Automation. Con alcance mejorado, el CRM Analítico consiste en la búsqueda de un mayor conocimiento del cliente con el objetivo de análisis más refinados y la creación de campañas de relaciones para satisfacer a los consumidores de manera más próxima a sus intereses. Pueden ser vistos como pasos complementarios de un CRM.

Entre las otras herramientas de contacto con los clientes, destacan dos delante de los objetivos del estudio, centrado en los datos de clientes. La primera es el Call Center, que se define como una forma de contacto dinámico con los consumidores a través del uso del teléfono como una herramienta para la efectividad de las prácticas de marketing relacional, especialmente cuando son operacionalizadas con base en CRM.

La segunda, Sales Force Automation (SFA), o Automatización de la Fuerza de Ventas, para Brambilla, Sampaio y Perin consiste en herramientas tecnológicas utilizadas para ayudar al vendedor en algunas etapas del proceso de venta, centrándose en la relación por encima de la simple práctica comercial impersonal. Una iniciativa SFA proporciona que la organización, a través de sus vendedores, pueda "tener una mejor visión del cliente, teniendo en cuenta esta relación".

# METODOLOGÍA DE LA CONDICIÓN DE LA INVESTIGACIÓN

Basándose en los criterios de observación, la definición metodológica se orientó a la utilización de técnicas de investigación cualitativa. El punto de corte para el análisis fue la relación entre las empresas Alfa (vendedora) y Beta (cliente), en una situación de desarrollo de CRM vista como la venta de un servicio co-producido o creación compartida de valor para el cliente.

Yin presenta como válida la búsqueda que objetiva la investigación de una realidad específica y conforme sus preceptos, un caso de estudio atiende al propósito de este trabajo. Clasificada como una investigación cualitativa en el formato de caso de estudio. También se entiende como exploratoria, que según Vieira "tiene como objetivo proporcionar al investigador una mayor familiaridad con el problema" de la investigación.

Básicamente tres técnicas se han adoptado en la realización de la recogida de datos para este estudio. Entrevistas semi-estructuradas, con base en los seis indicadores ya referenciados (fidelidad de los datos; relaciones basadas en la información; privacidad y ética con los datos del cliente; toma de decisiones; postura estratégica; diferenciación y categorización de los clientes). Para cada uno de estos elementos, se hicieron cinco entrevistas, con un total de treinta preguntas. Las entrevistas se administraron a dos grupos de interacción entre las empresas, formadas por cuatro empleados de cada empresa. El acceso al entorno de la organización se obtuvo sobre la base de investigaciones previas realizadas en estas empresas que accedieron a ser reelegidas para la investigación académica. A petición de las organizaciones, se omiten sus nombres. Ellas serán tratadas como Alfa y Beta. Ambas son grandes empresas, ubicadas en diferentes partes del país en el que se encuentran y se pueden clasificar como organizaciones adecuadas al uso de las tecnologías de información y comunicación. El desarrollador es una empresa que comercializa productos y servicios (multinacional) y la empresa Beta es una empresa tradicionalmente orienta a servicios. Además de las entrevistas, se utilizaron datos secundarios, en especial contratos, manuales y especificaciones internas de las empresas, que a pesar de que han contribuido al análisis de datos y en la elaboración de los resultados, no constan menciones explícitas de su contenido. Los documentos con información financiera de la asociación entre las empresas fueron vetados en este estudio y, por lo tanto, tampoco considerados en la preparación de los resultados dirigidos al análisis de los atributos técnicos, operacionales y relacionales. El último método fue la observación y comparación del investigador de documentos y entrevistas.

Para el análisis de los datos, se adoptó la comparación por indicadores haciendo hincapié en el discurso en ambas empresas sobre cuestiones relacionadas.

Se hicieron preguntas con el fin de analizar la consistencia de las versiones de las diferentes empresas para los mismos hechos. Se encontró que las pequeñas inconsistencias entre los encuestados no ponían en peligro la credibilidad de los resultados de la colaboración B2B. El instrumento de recogida de datos fue desarrollado con el apoyo teórico del uso de los datos de los clientes en las operaciones de CRM.

En la finalización de la fase de desarrollo de los resultados y en las conclusiones, se observaron los preceptos de Bardin y Yin. Básicamente, se agruparon los resultados de cada empresa y se compararon con la ayuda de la teoría. El análisis se basa en la comprensión de las similitudes y diferencias entre las empresas y entre las fuentes de prueba. Se presenta una discusión de los resultados y, posteriormente, las consideraciones finales del estudio.

# RESULTADOS DEL ANALISIS ENTRE DESARROLLADOR Y USUARIO DE CRM

Para una mejor comprensión de la situación de las relaciones entre las empresas, se distribuirán los resultados en un primer momento integrados en la relación entre Alfa y Beta. Las preguntas utilizadas y el análisis fueron desarrollados con el fin de agrupar los testimonios de los entrevistados, detallando la relación entre compañías. En una segunda fase, se presentará la síntesis de Alfa, de la impresión de la empresa en cuanto a su relación con Beta, y posteriormente será revelada la impresión de Beta. El análisis fue diseñado sobre la base de los seis principios esbozados.

En cuanto a la fiabilidad de los datos de clientes, las opiniones generales de los encuestados mostraban, en ambas empresas, incertidumbre. Sin embargo, todas las pistas y respuestas ilustran que el posible margen de error no afecta negativamente en el ámbito de las aplicaciones de CRM. Como ventajas del sistema están la agrupación adecuada de los datos y la capacidad de actualizaciones en tiempo real. Uno de los entrevistados de Alpha informó sobre el CRM desarrollado que "este producto está diseñado para evitar la repetición o duplicidad".

En la empresa cliente Beta, uno de los gestores entiende que "la integridad de la base de datos es excepcional". La duplicación de datos es un problema descartado pero los problemas de inclusión y rellenado de datos del cliente, por depender del elemento humano, puede ser un punto operador de pequeñas discrepancias. Este análisis se basa en la percepción de las personas.

Para los criterios de las relaciones y de la información, se identificó que las transacciones corrientes se registran en bases de datos transaccionales sin que sean cambiados datos históricos consolidados. Informaciones ya agrupadas se almacenan en la herramienta Data Warehouse de Beta, lo que es esencial para el CRM analítico. La actualización sistemática en los datos transaccionales, por ejemplo, está alineada con lo que afirman las teorías de CRM. Los datos del cliente permiten la ilustración de la realidad del momento del cliente, lo que favorece las relaciones entre la empresa y el cliente. En este sentido, el análisis pone de manifiesto que los datos y el método de recolección y conversión en información permiten la práctica del CRM. Poco se ha identificado sobre la conducta ética en la relación entre la empresa desarrolladora y usuaria de CRM y el cliente final. Sin embargo, una posibilidad importante fue puesta de referencia. Todos los datos de los clientes de Beta, referentes a la relación transaccional, están al alcance de los clientes, ya sean históricos o especificaciones de servicio.

La calidad de los datos fue confirmada, lo que proporciona la base para la toma de decisiones. Como ya se mencionó, los datos históricos no cambian en las operaciones transaccionales, cumpliendo con los criterios técnicos del CRM. La composición de diferentes informaciones, atendiendo a los datos disponibles, promueve los caminos relacionales a ser realizados. La práctica de la minería en eses datos es otra evidencia de la efectividad en las prácticas de relacionamiento utilizadas por Beta y desplegadas a través de soluciones de la empresa Alpha.

La toma de decisiones estratégicas también fue identificada en esta relación entre las empresas y en el uso del sistema de CRM por Beta. Se entiende el CRM, en estas empresas, como el "corazón" de las prácticas relacionales con los clientes. La configuración y el análisis de los datos ya son, en esencia, acciones de características estratégicas. La generación de las informaciones necesarias para atender a los clientes con excelencia es una atribución de CRM. Los datos del cliente se invierten en información. Estas indican las evidencias de comportamiento, a su vez, convertidas en lo que se puede clasificar como el conocimiento del cliente.

De los criterios más relevantes en el uso de CRM se destacan la diferenciación y la categorización de clientes. Los datos se utilizan para estos fines. Las empresas entienden que la solución desarrollada es ideal y que las prácticas de la compañía que aplican el CRM también están de acuerdo con la teoría recomendada. Hay una gran diferenciación por categorías, o segmentos, que es una acción de marketing. Incluso se hacen subcategorías de clientes en Beta lo que, según la empresa entrevistada, es un requisito para el tipo de servicio que realizan.

# *RESULTADOS DE ALPHA*

La desarrolladora prima en sus soluciones que las transacciones de negocio en realización sean lanzadas en bases de datos diferentes de aquel en que se almacenan los datos y la información histórica. En el panorama técnico, se desarrollan soluciones de bases de datos transaccionales y Data Warehouse, un almacén de datos consolidados. Los entrevistados indican que su solución es una herramienta de aplicación relacional.

Los datos de transacciones, diferentes de otros datos como la dirección y otras características que se pueden cambiar cuando sea necesario en las bases de datos de uso comercial, después de introducidos en el sistema pasan a ser rígidos. Estos datos están configurados de diferentes maneras para obtener diferentes tipos de información de acuerdo con las necesidades del momento. Esta capacidad analítica permite la operación de prácticas para la diferenciación de los clientes lo que sirve, por ejemplo, para definir categorías y modalidades de relaciones.

La solución es vista como una aplicación de CRM desarrollada para evitar redundancias y duplicidades, así como otros problemas asociados con la introducción de datos. Sin embargo, indican que, en muchas empresas, se utilizan tecnologías de diferentes desarrolladores y proveedores de software y hardware, lo que no permite la garantía de que en las migraciones y compartimiento de datos entre las tecnologías no produzcan problemas de calidad y fiabilidad de los datos, ya sea por errores o pérdidas.

Alfa es una empresa tecnológica que ofrece productos y servicios listos y también bajo demanda, en función de las necesidades de sus clientes. En el caso de los negocios con Beta, lo que la compañía ofrece está hecho a medida, atendiendo especificaciones de la empresa cliente. La aplicación de CRM en análisis cuenta con herramientas en línea e integradas, lo que permite que la alimentación del sistema se lleve a cabo en tiempo real. Uno de los usos del sistema de CRM investigado es la identificación de los clientes potenciales y el análisis predictivo.

# RESULTADOS DE BETA

En la empresa cliente Beta, cuando se trata de control de fidelidad y exactitud de los datos, uno de los entrevistados menciona un pequeño margen de error en lo que la desarrolladora ofrece para su uso con los clientes finales, que no afecta a la calidad de las operaciones. No se identificó la razón de tal situación, sin embargo, los entrevistados reconocen que existe, aunque dentro de los límites de tolerancia.

Se confirmó la necesidad de categorizar los clientes en el negocio de la empresa Beta, que reconoce ser una práctica posible con el uso de las herramientas proporcionadas por Alpha y se realiza siguiendo lo que recomienda la literatura de CRM. Los criterios viables para la categorización de los clientes son diversos, tales como la rentabilidad, el volumen y la frecuencia de las compras. Se entiende que este tipo de clasificación de clientes es tradicional en CRM para estipular el perfil de las relaciones, las transacciones y de los propios clientes, sus gustos, deseos y posibilidades. La información histórica construida en la organización se estructura adecuadamente.

Beta convierte los datos en información, diferencia y segmenta clientes y lleva a cabo prácticas efectivas y analíticas de CRM. Los resultados ya discutidos, tanto en la relación entre las empresas y en su individualidad, tejen las consideraciones finales.

# CONSIDERACIONES FINALES

La solución de CRM propuesta en la relación entre las empresas consiste en una herramienta desarrollada bajo demanda procedente de la empresa cliente, un factor que puede justificar la baja detección de problemas de adaptación. El servicio por la compañía cliente de CRM (medios/publicidad), aunque complejo es estable, temporalmente determinado, y, en virtud de sus disponibilidades predefinidas, fácil de gestionar para la venta. El componente de SFA, proporcionado en la relación inter organizacional, aunque no es central para los propósitos de esta investigación, se muestra otro facilitador para los procesos de pre-venta, venta y post-venta.

Fue encontrado en la relación entre las empresas y en la aplicación de la solución CRM desarrollada que la comprensión de la utilización adecuada de los datos en la relación con los clientes es entendida y practicada por los involucrados y los instrumentos investigados en este estudio (de acuerdo a la información obtenida a través de las entrevistas). La actualización de los datos transaccionales en tiempo real y la aplicación online, además de la utilización de un almacén de datos consolidados en este contexto y CRM, deja claro que el ambiente investigado es propicio para la realización de prácticas de Marketing Relacional. La alineación entre empresas permite que el CRM en pauta sea construido correctamente. Tales supuestos se basan en la observación.

En el entorno, los datos consultados mostraron cumplimiento con los criterios teóricos seleccionados para el análisis. Sin embargo, se detectó, aunque tenue, un margen de error hoy sin impacto en las acciones de CRM pero que señala la importancia de identificar y tratar de poner remedio a esta situación antes de que quede fuera de control y pueda poner en peligro la capacidad de acciones con datos de clientes.

Más importante y relevante fue identificar que la situación analizada se trata en si misma de un CRM y no un nombre empresarial o modismo o error de interpretación de lo que se hace. CRM consiste en la filosofía del Marketing Relacional alineada con la tecnología de la información adecuada para el contacto dinámico con los clientes, haciendo hincapié en las interacciones y los datos almacenados por la empresa a lo largo del tiempo. Estos datos en poder de las organizaciones son los que permiten, incluso a las grandes corporaciones, identificar clientes, segmentarlos y ofrecer soluciones acordes con sus expectativas y necesidades.

La calidad de los datos tiene un impacto directo en los resultados de los programas de CRM. Se entiende que el cliente, por ser el centro de la utilización de CRM es el informante más apropiado para evaluar la calidad y el efecto de los programas en desarrollo y en funcionamiento. CRM es una práctica de marketing orientada a los clientes y son ellos los personajes esenciales en las opiniones sobre la eficacia de estas campañas.

# REFERENCIA BIBLIOGRÁFICA

BARDIN, L. Análisis de contenido.

BELITARDO, C. Modelo de CRM aplicado al soporte de tecnología de la información: caso de estudio.

BENDAPUDI, N.; BERRY, L.L. Customer's motivation for maintaining relationships with services providers. Journal of Retailing.

BRETZKE, M. Marketing de relaciones y competencia en tiempo real con el CRM.

BRETZKE, M. La importancia y aplicaciones de la database marketing integrado en las instituiciones financieras.

BRUYNE, P.; HERMAN, J.; SCHONTHEETE, M.D. Dinámica de la búsqueda en ciencias sociales.

DAVENPORT, T. H. et al. How do they know their customers so well? Sloan Management.

DYER, R. F.; LIEBRENZ-HIMES, M. Client attraction and retention in the design and building industry: client relationship management for professionals services firms.

FERRO, W.R. Contribución al estudio de la implantación de la gestión de las relaciones con el cliente en bases segmentadas en el estado São.

GARDESANI, R.; SILVA, A. A. F. Impactos del CRM en la relación de la empresa con los clientes.

GARTNER GROUP. CRM success is in strategy and implementation, not software.

GONÇALVES, C.A.; GOSLING, M. Relaciones en bases comerciales: la adaptación de escalas.

GORDON, I. Marketing de relaciones: estrategias, técnicas y tecnología para conquistar clientes y mantenerlos para siempre.

GRABNER-KRAEUTER, S.; MOEDRITSCHER, G. Alternative approaches toward measuring CRM performance. In: RESEARCH CONFERENCE ON RELATIONSHIP MARKETING AND CUSTOMER RELATIONSHIP MANAGEMENT.

GREENBERG, P. Customer relationship management en la velocidad de la luz: conquista y lealdad.

SALAZAR, Roberto Luis Alves. Patrones de Procedimientos para la Implantación de un CRM: Caso Jet Oil Distribuidora de Productos de Petróleo Ipiranga.

SHOEMAKER, Mary E. A Framework for Examining IT-Enabled Market Relationships.

SOUZA, Maricélia. Los Líderes y la Busca por el Alto Rendimiento de los Equipos.

SRIVASTAVA, Jaideep; WANG, Jau-Hwang; LIM, Ee-Peng; HWANG, San-Yih. A Case for Analytical Customer Relationship Management.

SRIVASTAVA, R. K.; SHERVANI, T. A.; FAHEY, L. Marketing, Business Processes, and Shareholder Value: An Organizationally Embedded View of Marketing Activities and the Discipline of Marketing.

STONE, Merlin; WOODCOCK, Neil; MACHTYNGER, Liz. Customer Relationship Marketing: Get to Know Your Customers and Win Loyalty.

SWIFT, Ronald. CRM – Customer Relationship Management: El Revolucionario Marketing de Relaciones con el Cliente.

VIEIRA, Valter Afonso. Las tipologías, variaciones y características de la búsqueda de marketing.

SHOEMAKER, M. E. A Framework for Examining IT-Enabled Market Relationships.

PEDRON, C. D. Variables determinantes en el proceso de implantación de CRM: estudio de casos múltiplos en empresas gaúchas.

NOGUEIRA, R.; MAZZON, J. A.; TERRA, A. M.. La gestión de CRM en las aseguradoras.

BRETZKE, M. Marketing de relaciones y competidores en tiempo real.

BROWN, S. A. CRM: Customer Relationship Management: una herramienta y estrategia para el Mundo del E-Business.

BOON, O.; CORBITT, B.; PARKER, C.. Conceptualising the Requirements of CRM from an Organisational Perspective: A Review of the Literature.

HANSOTIA, B.. Gearing up for CRM: Antecedents to Successful Implementation.

SRIVASTAVA, J.; WANG, J. H.; LIM, E. P.; HWANG, S. Y.. A Case for Analytical Customer Relationship Management.

KELLEN, V.. How to Do Customer Relationship Management without Spending Big Bucks.

CAMPBELL, A.J. Creating Customer Knowledge Competence: Managing Customer Relationship Management Programs Strategically.

MISSI, F.; ALSHAWI, S.; IRANI, Z.. The Way Forward to a Successful Customer Relationship Management.

DOWLING, G.. Customer Relationship Management: In B2C Markets, Often Less is More.

BENDAPUDI, N.; LEONE, R. P. Psychological Implications of Customer Participation in Co-Production.

BERRY, L. L. Relationship Marketing of Services: Perspectives from 1983 and 2000.

BOLTON, Karen; STEFFENS, Jeffery. Analytical CRM: A Marketing-Driven Organizational Transformation.

BOON, O.; CORBITT, B.; PARKER, Craig. Conceptualising the Requirements of CRM from an Organisational Perspective: A Review of the Literature.

SAMPAIO, C. H.; PERIN, M. G. Indicadores Tecnológicos y Organizacionales del Customer Relationship Management (CRM): Relación entre Firma Desarrolladora, Firma Usuaria y Preceptos Teóricos.

CAMPBELL, A. J. Creating Customer Knowledge Competence: Managing Customer Relationship Management Programs Strategically.

CHURCHILL, G.; PETER, J. P. Marketing: Creando Valor Para los Clientes.

CROTEAU, A.-M.; LI, Peter. Critical Success Factors of CRM Technological Initiatives.

DWYER, F. R.; SCHURR, P. H.; OH, Sejo. Developing Buyer-Seller Relationships.

# ACERCA DEL AUTOR

Este libro has ido elaborador por Antonio Villa Cali, Consultor TI especializado en sistemas ERP y CRM en el entorno empresarial. Desde hace más de 10 años se dedica al mundo de la formación, realizando formaciones a profesionales del mundo de TI.

*Muchas Gracias*

www.ingramcontent.com/pod-product-compliance
Lightning Source LLC
Chambersburg PA
CBHW070813180526
45168CB00002B/601

* 9 7 8 1 5 1 4 1 6 5 2 6 3 *